“阿克顿经济、伦理与法律译丛”学术委员会成员

阿克顿经济、伦理与法律译丛

信仰与自由

晚期经院哲学家的经济思想

Alejandro A. Chafuen
[美] 阿里扬德罗 · A. 夏福恩 著
陈启甸 译

Faith and Liberty

The Economic Thought of the Late Scholastics

上海三联书店

《信仰与自由：晚期经院哲学家的经济思想》
[美] 阿里扬德罗 · A. 夏福恩 著　陈启甸 译

Faith and Liberty: The Economic Thought of the Late Scholastics

目录 CONTENTS

总序
智识史与道德神学的关系：经济学、伦理学和法学的起源

经济学历史研究的当下状况

在许多西方知识分子眼里，道德神学臭名昭著，基于同样的深层原因，现代经济学家对经院哲学的经济思想，无论是 12 世纪的还是 17 世纪的，都随意草率对待，或干脆完全忽视。在许多知识分子看来，目前道德神学已是一种过时的宗教思想，它崇奉非理性和教条主义，经济史家连同著名的天文学家、遗传学家、古生物学家、政治分析家、哲学家和伦理学家，都赞同这种思路。尤其是一些经济史家，他们将经院哲学家的经济学（或者有时称其为“教规式的市场行为观念”[canonical concept of market behavior]）视作亚里士多德式的形而上学和教会的权威学说，这使得现代的经济学教授们在承认经院学者或其 16、17 世纪的继承者——那些博士们——对货币和价值理论作出过精妙分析性贡献上，始终保持沉默，或至少是不那么接受。

将经济观念与其原初的历史和形而上学背景相分割的做法，在当下关于经济学的史前史的争论上尤为明显。大部分主流经济史家认为现代经济学诞生自亚当·斯密、重商主义者和重农主义者。在经济史家马克·布劳格（Mark Blaug）看来，经济学的史前史始自 17 世纪的重商主义者，而非修正论者（revisionist）所坚持认为的古希腊人或中世纪经院哲学家。他生造了“前亚当经济学”（pre-Adamite economics）这个术语，用以在

方法论意义上定义和限定史前时代的亚当·斯密的直接和直系性历史先驱:17 世纪的重商主义者、重农主义者和 18 世纪不列颠自由贸易著作家。

至于经济学的史前史是否肇始自 13 世纪或更为久远这一宏阔的问题,在布劳格看来,实属"事后添加的想法"[1]。我们可以推断,一种事后添加的想法,想必可以显露出对有关人类行为和社会凝聚的实证性假设的质疑,且几乎不能在计量方法和模式方面产生任何新的洞见。当经院哲学家将经济和商业交易作为伦理或法律事务来分析,包括将自然法应用于民间契约时,"正是重商主义者,"布劳格主张道,"远早于亚当·斯密,摒弃了将市场行为当作道德问题的教规式观念,形成了'经济人'的概念。"这些重商主义者"对利己主义的直接力量和国内经济政策的信任近于提倡放任自由主义。亚当·斯密并非第一个对'看不见的手'的运作有信心的人。同时也不必将其对供求决定价格的理解把握诉诸经院哲学家的影响"。[2]

对于在解释斯密怎样把握价格和价值确定问题时是否有必要诉诸经院哲学的影响不加考虑,也不论及更广大的问题,即诸如贝尔纳多·达文扎蒂(Bernardo Davanzati, 1529－1606)、费迪南多·加利阿尼(1728－1787)、雨果·格老秀斯(1583－1645)、萨缪尔·冯·普芬道夫(1632－1694)、吉尔肖姆·卡米高(Gershom Carmichael, 1672－1729)、弗朗西斯·哈奇森(Francis Hutcheson,1694－1746)、亚当·弗格森(Adam Ferguson, 1723－1816)、让-雅克·布尔拉马基(Jean-Jacques Burlamaqui, 1694－1748)、奥古斯特·瓦尔拉(Auguste Walras, 1801－1866)、雷昂·瓦尔拉(Léon Walras, 1834－1910)等经济学史上的重要人物,是否受到经院哲学对价格和价值的处理方式的影响;甚而至于,就此而言,如果亚当·斯密所确定的目的论、终极因、神的设计和美德的作用被轻忽为只具点缀性,他的整个思想体系是否依然可以理解?[3]为此,在这一更广泛的方面,当代对于经院哲学对斯密的影响的琐碎争辩其实转移了人们的注意力,因为正如朗格霍姆(Langholm)所表明的那样,[4]它回避了对于经院哲学和现代经济学的思想之间的延续性和间断性的、严肃的历史性调查。而且，它很容易带来一个副作用，也就是贬低了目的论和自然神学在斯密本人的思想，以及其他 17、18、19 世纪政治经济学家的思想中的重要性。

正如实证主义历史家所赞许的，通过在理论上将经济学的史前史限定于重商主义和重农学派，经济学史就可凝聚在“经济人”（economic man）、自利等典型的“现代”关注的概念周围，并从所谓“教规式的市场行为概念”中解放出来。这种对谁或者哪些思想在经济史上具有分量的武断限定，只是有助于支撑 20 世纪的实证主义者的种种假设，尤其是那些价值中立和经济人（*homo economicus*）的假设——人类行事理性而自利，追求财富，逃避不必要的劳动，并力图使其决策只围绕中心目标。最终，将经济学史前史减缩为 17 世纪重商主义者的现代做法，便可以作为奥卡姆（Occam）剃刀式的问题提出：当古典经济学的所有基础要素已内蕴在重商主义之中，为何还要诉诸经院哲学的影响来启明现代的有关货币、价值和价格的观念呢？

对此最直白的回答就是，创造性的思想——包括革命性的经济思想，从来不可能是在智识、历史、宗教、哲学或地理真空中成长发展的。“启蒙”，作为对于中世纪教会的现世裁判权和神学在智识方面所占据的科学王后的霸权的世俗性回应，已造就了这样一种现代环境：身处其间的学者不再明了基督教基本原理对于西方文明和大学生活曾发挥的历史性影响。[5]很早以前，基督教神学家就认为，运用推理理性（如同学术方法，我们知道这种方法由中世纪基督教神学家创立，为后世采纳、应用）不仅对上帝之言和道德意志，而且对造物秩序本身，都能起到不断提高精确理解的作用。

为此，将理性运用于各种智识领域，包括经济问题，并非启蒙时代的发明。再者，在一个连贯的智识框架内运用理性也是基督教经院哲学的遗产，是中世纪和早期现代学派的方法。这一经院哲学方法的应用，提高了人们对世界和人类事物的理解，激发人们努力地对自然界有规律发生的事件作出合乎逻辑的解释。“万物皆遵循共同的秩序；这一方式使宇宙就像上帝。”但丁在《神曲》中写道。[6]有一种观点认为，经院哲学方法在经济学问题上的具体应用造就了某些创新性观念，而这些观念经多次辩证完善，逐渐形塑了现代经济学世界。这一论断的真实性所凭据的，并非现代性对其自身之生成、发展或未来轨迹的理解，而更多的是显见的“观念之间内在的相互联系和密切关系，它们的活力或‘特有的活力’(particular go，用洛夫乔伊[Lovejoy]的话来说)，以及它们施加给那些思考它们的心灵的逻辑压力”。[7]

然而，赞同这一断言意味着不仅要求实证主义历史学家对形而上学模式与智识传统的关系——这转而又会要求承认神学学说在观念史上具有不可或缺的作用[8]——重新审视，而且要求他们承认目下将经济学与道德分离只是一种新鲜的做法，偏离了政治经济学的长期传统。[9]在阿尔维(Alvey)看来，“造成经济学日渐与道德关怀相离析的主要原因有两个。其一，自然科学被视作成功的典范，人们希望通过将自然科学的方法——包括数学方法——应用于经济现象的研究，从而在经济学中获得同样的成功。其二，自封的经济科学逐渐采纳实证主义，而正是实证主义将道德议题排除在科学之外”。[10]在关于经济学史前史的争论上，或许正是上述的后一种承认最令修正论者反对实证主义者。

经院哲学家的经济学、伦理学和法学

当撇开实证主义的偏见，重新审视早期的著作之时，我们发现近代早期是有关经济学、伦理学、法学和政治学议题的智识酵素的丰富来源。在 16 世纪和 17 世纪早期，一个小小的但颇具影响力的神学家和法学家群体麇集于西班牙，他们试图将罗马法的文本与亚里士多德和托马斯的道德哲学相综合。这一运动始于托马斯哲学在巴黎的复兴，正如卡马乔(Camacho)所述，在巴黎，“皮埃尔·克罗卡尔特(Pierre Crockaert)在智识上经历了从唯名论哲学向托马斯·阿奎那哲学的转变”。[11]

阿奎那生于1225年，此前不久，亚里士多德关于形而上学、物理学、政治学和伦理学的著作开始在西方重现，由阿拉伯学者传到欧洲而形成的亚里士多德学派将成为中世纪思想中一个重要的竞争者。托马斯在以亚里士多德为代表的希腊哲学传统与昆图斯·德尔图良(Quintus Tertullian)、奥古斯丁和波纳文图拉(Bonaventure)所表述的基督教神圣理念传统之间寻求和融之道。1512年，克罗卡尔特在一个名叫弗朗西斯科·德·维多里亚(Francisco de Vitoria，约1483－1546)的帮助下，出版了他对托马斯的《神学大全》最后一部分的评述。[12]

大约在托马斯出生前两百年，优士丁尼(Justinian)的《民法大全》(*Corpus iuris civilis*)在西方被重新发现，并成为学术争论的对象。但至少在16世纪之前的西班牙，罗马法、亚里士多德哲学和托马斯哲学是彼此隔绝的。"在16世纪和17世纪早期，"卡马乔写道，"一群被法律史家称为'晚期经院哲学家'或'西班牙自然法学派'的神学家和法学家实现了学说的综合。"[13]熊彼特赞同这一判断，并且补充道："正是在他们的道德神学和法律体系中，经济学即便没有获得其独立性，也至少获得了自身的确定性，他们比任何其他群体更接近于科学经济学的'奠基者'。"[14]莫斯写道，特别是萨拉曼卡人，他们"对于汇率在不同国家如何变化的一般理论，以及解释为何一张汇票在西班牙的某个地区比另一地区更值钱同样感兴趣。贴水(*agio*)或汇兑溢价是高利贷的证据从而就商人和贸易者来说是一种不道德的行为，还是一种受基本供求法则支配的'自然'事物?"[15]

这一所谓的萨拉曼卡学派，只不过是被当代学者几乎完全忽视或贬低的丰厚智识传统中的一个事例。基督教经院哲学连贯一致的智识框架不仅在经济学领域，而且在相关的伦理学和法学领域中余音回荡。因此，政治理论家约翰·奈维尔·菲吉斯(John Neville Figgis)和奥托·冯·基尔克(Otto von Gierke)都借用过种种16、17世纪荷兰、瑞士、日耳曼和西班牙法学家和伦理学家的著作，这些法学家和伦理学家整合一系列概念，为西方法律传统中的联邦制政治结构、立宪主义、人民主权论、自然法体系和有限政府思想奠定了基础。[16]源自该时期的相关资源的多样性和丰富性经由新教学者的贡献而得到强调，后者创作了许多意义重大的学术著作，以及更多的时文。许多早期新教的经济学、伦理学和法学的思想，除了反映在其系统的道德神学和哲学中之外，也体现在布道和注释性著作中。荷兰改革教派(the Dutch Reformed)法学思想家约翰尼斯·阿尔色修斯(Johannes Althusius，1563－1638)是这方面的代表，他对西方法学和政治学传统的贡献日渐受到重视。[17]在经济学、伦理学和法学经历了与神学的长期疏离之后，许多经济学家、法学学者、政治理论家和神学家发现了在完整的文化背景——通常是宗教背景——下研究早期近代经济、伦理和法律文本的好处。

关于本译丛

本译丛是发掘早期近代神学关于经济、伦理和法学的思想之矿脉的最新成果。本译丛旨在为经济学家、知识历史学家、道德神学家，以及经济学、经济伦理学、经济史、银行史、政治经济和道德神学领域的研究生，提供一套有用而易懂的早期近代最重要的经济学、伦理学和法学领域的文本选集。诸如马丁·德·阿兹皮尔库埃塔(Martín de Azpilcuet)的 *Commentary on the Resolution of Money*(1556)、路易·德·莫里纳(Luis de Molina)的 *Treatise on Money* (1597)、胡安·德·马里亚纳(Juan de Mariana)的 *Treatise on the Alteration of Money* (1609)，以及约翰尼斯·阿尔色修斯的 *Dicaeologicae* (1617)和吉罗拉莫·赞基(Girolamo Zanchi)的 *Operum Theologicorum* (1619)等大部头著作的节选，第一次以带学术性注疏的中译本面世。出版这些一手文本，主要是希望其能有助于促进对于16世纪后半叶、17世纪初期的神学社群的延续和间断、一致和分歧、创新和破裂的探究。

这些译本(连同那些权威人士所撰写的导言)将向我们展示基督教

思想家之绵密和老辣，依此他们从各种忏悔和神学的视角，检验了诸如世俗政府的角色和责任、自然法的存在和功效、高利贷和放贷的伦理，以及在商业活动中以汇票（*cambium per litteras*）替代麻烦而危险的金属货币运送这一新方式等议题，这不仅引发了对利息、信用和国际贸易等问题的新的学术洞见，而且还导向对金融交易和银行实务进行比以往远为全面、综合的分析。这些文本也有讨论类似这样的特殊问题：同样是货币，为何这个地区的货币比另一个地区的更值钱？进而，为何汇率在不同地区之间会波动？藉由一些近代早期的非常重要却至今仍被忽视的权威典籍，这些道德和经济方面的思考，连同许多其他思想，详细地呈示贯穿在整个译丛之中。

此外，本译丛还包含了某些当代的重要研究成果，它们非常适合纳入这一针对经济学、伦理学和法学的更为综合、经院式的进路。夏福恩的《信仰与自由》是对晚期经院哲学家经济思想的系统考查，有助于人们了解这些重要思想家所共有的基础理念，及其与晚近经济理论的互动。Gertrude Himmelfarb 的《阿克顿勋爵：对良心和政治的研究》则扼要评述了 19 世纪英国历史学家、政治家和作家约翰·艾米里克·爱德华·达尔贝格-阿克顿勋爵（Lord John Emerich Edward Dalberg-Acton，1834－1902），后者因其格言"权力导致腐败，绝对的权力导致绝对的腐败"，以及关于自由史的权威论文而举世闻名。由此，本译丛将力图为历史学家和那些想对当代经济学、伦理学和法学思想进行整合的人，提供宝贵的相关资源。

乔丹·J. 巴勒（Jordan J. Ballor）

斯蒂芬·J. 格拉比尔（Stephen J. Grabill）

注释：

1. Mark Blaug, *Economic Theory in Retrospect*, 5th ed. (Cambridge: Cambridge University Press, 1997), 29.

2. Blaug, *Economic Theory in Retrospect*, 31.

3. James E. Alvey, "The Secret, Natural Theological Foundation of Adam Smith's Work," *Journal of Markets & Morality* 7, no. 2 (Fall 2004): 335–61. 参见 Paul Oslington, ed., *Adam Smith as Theologian* (New York: Routledge, 2011)。

4. "从分析的和术语的角度来看,"朗格霍姆写道,"我们可以发现经院哲学的许多思想依然存活在现代经济学中。这没什么可大惊小怪的,因为(至少从仅限于西方文明的角度来观察)对于延续至今的社会关系的系统分析论证方法的基础,正是在中世纪的鼎盛期奠定的。有时,比如就市场价格的公平性而言,指出支持着某种一成不变教义的道德基础发生了微妙的变化,可以说是切中肯綮的。此外,只要相关学说像在论及有息借贷问题时发生根本变化,持续争论发起者的美名仍可归于经院哲学家。由此可见,许多旧瓶本是可以装新酒的。问题在于中世纪学派对此为何完全缺乏发酵的准备,这是需要长篇大论而非寥寥数行来解答的论题。事实上,有关这一论题的著作已有不少,其中一些受到了马克斯·韦伯关于宗教和资本主义关系的思想的启发。为简单起见,让我们回想一下经院哲学的经济学所依据的三个智识传统。首先是圣经和教父的传统,强调个体责任。其二是当下重新发现的罗马法传统,强调个体权利。这两大传统在托马斯式的综合中,依靠亚里士多德的社会哲学作为第三支点,获得了短暂而不稳固的平衡。"参见 Odd Langholm, "Scholastic Economics," in *Pre-Classical Economic Thought: From the Greeks to the Scottish Enlightenment*, ed. S. Todd Lowry (Boston/Dordrecht/Lancaster: Kluwer Academic Publishers, 1987), 132–33。

5. 见 Chris L. Firestone and Nathan Jacobs, eds., *The Persistence of the Sacred in Modern Thought* (Notre Dame: University of Notre Dame Press, 2011)。

6. 转引自 Edwin Arthur Burtt, *The Metaphysical Foundations of Modern Science* (Garden City, NJ: Doubleday Anchor Books, 1954), 20。

7. Francis Oakley, *Natural Law, Laws of Nature, Natural Rights: Continuity and Discontinuity in the History of Ideas* (New York and London: Continuum, 2005), 9.

8. Oakley, *Natural Law, Laws of Nature, Natural Rights*, 13–34. See also the various essays in Oakley's *Politics and Eternity: Studies in the History of Medieval and Early-Modern Political Thought* (Leiden: Brill, 1999); Oakley, *Omnipotence, Covenant, and Order: An Excursion in the History of Ideas from Abelard to Leibniz* (Ithaca: Cornell University Press, 1984);

Oakley, *Kingship: The Politics of Enchantment* (Oxford: Blackwell Publishing, 2006); and William J. Courtenay, *Covenant and Causality in Medieval Thought: Studies in Philosophy, Theology, and Economic Practice* (London: Variorum Reprints, 1984).

9. 关于当代经济思想中的历史与实证主义的宽泛论述,见 John D. Mueller, *Redeeming Economics: Rediscovering the Missing Element* (Wilmington, DE: ISI Books, 2010)。参见 Jeffrey T. Young, *Economics as a Moral Science: The Political Economy of Adam Smith* (Cheltenham, UK: Edward Elgar, 1997); Alvey, "A Short History of Economics as a Moral Science," *Journal of Markets & Morality* 2, no. 1 (Spring 1999):53 - 73; Ricardo F. Crespo, "Is Economics a Moral Science," *Journal of Markets & Morality* 1, no. 2 (Fall 1998):201 - 11; Peter J. Boettke, "Is Economics a Moral Science? A Response to Ricardo F. Crespo," *Journal of Markets & Morality* 1, no. 2 (Fall 1998):212 - 19; and Crespo, "Is Economics a Moral Science? A Response to Peter J. Boettke," *Journal of Markets & Morality* 1, no. 2 (Fall 1998):220 - 25。

10. Alvey, "A Short History of Economics as a Moral Science," 53.

11. Francisco Gómez Camacho, "Later Scholastics: Spanish Economic Thought in the XVIth and XVIIth Centuries," in *Ancient and Medieval Economic Ideas and Concepts of Social Justice*, ed. S. Todd Lowry and Barry Gordon (Leiden and New York: Brill, 1998),503.

12. Camacho, "Later Scholastics: Spanish Economic Thought in the XVIth and XVIIth Centuries," 503.

13. Ibid.

14. Joseph Schumpeter, *History of Economic Analysis*, ed. Elizabeth Booty Schumpeter (Oxford: Oxford University Press, 1954),97. 他随即写道:"不仅如此,显然他们为一套有用而浑然一体的分析工具和命题所奠定的基础,比后来的类似工作要稳固得多,也就是说,后来的 19 世纪的相当一部分经济学本可以在这些基础上更快更容易地发展起来,这同样意味着,某些后来的工作实际上是走了费时费力的弯路了。"

15. Laurence S. Moss, "Introduction," in *Economic Thought in Spain: Selected Essays of Marjorie Grice-Hutchinson*, ed. Laurence S. Moss and Christopher K. Ryan (Brookfield, VT: Edward Elgar, 1993), xv.

16. 尤其是关于 Johannes Althusius,见 Otto von Gierke, *The Development of Political Theory*, trans. Bernard Freyd (New York: Howard Fertig, 1966),70; and John Neville Figgis, *Studies of Political Thought: From

Gerson to Grotius, 1414 - 1625 (Cambridge: Cambridge University Press, 1907), 175 - 85.

17. 例如，参见 John Witte Jr.，"A Demonstrative Theory of Natural Law: Johannes Althusius and the Rise of Calvinist Jurisprudence," *Ecclesiastical Law Journal* 11, no. 3 (2009): 248 - 65；以及 Thomas O. Hueglin, *Early Modern Concepts for a Late Medieval World*: *Althusius on Community and Federalism* (Waterloo, Ont.: Wilfrid Laurier University Press, 1999)。

前　言

亚里士多德常说，人大多需要保有些物资才可践行德行。谋求德行 7
和生产日常物资这两项人类考虑的问题，都具有正当性。德·曼德维尔(De Mandeville)则进一步暗示，某些恶在刺激欲求的同时，也有助于经济生产。读过柏拉图《理想国》的人会记得其对劳动专业化和分工的描述，而日益增长的对物品尤其是奢侈品的需求和欲望，则被格劳孔(Glaucon)称为“猪的城邦”(city of pigs)，也就是说，整日忙碌于生产和消费更多更丰富物质产品的人无缘最高贵的物事。

从某种意义上说，现代社会追求的目标，其“视线”被设定从那些最高贵的物事“下降”。德行为生产力和富裕所替代。每个人不仅在理念或原则上，而且在拥有同样的事物方面也是平等的。柏拉图所关心的真理在现代社会的规划里被着意否决或回避。毫无疑问，“人的财产”(man's estate，培根语)不断增长，尽管其相关的德行是否同步增长尚需置疑。

阿里扬德罗·A. 夏福恩的这本书试图解释的是经济学历史中或多或少被忽视的那个段落，即中世纪晚期、近代早期的经院哲学道德家的论述，他们以注重实际的方式，与金钱、贸易和生产新环境进行着斗争。基于实际的经验，他们提问并作答。这些论题使那些显然新出现的活动在道德和科学上的意义逐渐明晰起来。

尽管现代经济学学科必须发展，甚至创新，但人与人、部落与部落、国与国之间的各种经济活动却始终存在着。与此同时，人们也在不断

8 努力地解释物品生产和交换过程中所发生的一切。人类生来就喜欢陈述，任何事物的来龙去脉在没弄清楚之前是没法尘埃落定的。无需解释，经济活动照样可以展开，但我们依然孜孜以求正确的解释。而且，我们也认识到，错误的解释将与这些经济活动的参与者的善行背道而驰。

比如，就说金钱，以某些形式，它既是别的事物的价值尺度，同时其本身也是一种物品，在很久远的古代业已存有。以物易物无疑是经济贸易最古老的形式。但即便在那时，也必须有相对的估价。多少头牲畜与多少柄剑或多少蒲式耳粮食相当？而且，圣保罗说过，对金钱的热爱是万恶之源，他的意思是财富可能会被滥用，柏拉图也是这个意思。这世上存在着贪婪，它是一种恶。但金钱只是交换的价值尺度，其自身并无所谓善恶。实际上，它更是一种有用的工具，与其他有用的工具并无二致。

放债人也是古已有之的；由此产生了利息的本质和正当性的问题。耶稣曾将兑钱商逐出圣殿，然而，他之所以这么做，也许不是因为那些人是放债的由此也就是恶人，而更可能是因为他们在圣殿范围内从事这可疑的活动。事实上，如何获取高额利润和利息，是阐明现代经济发展的关键，在无新生产力和创新出现的不景气的经济背景下尤其如此。事实上，“创新”的观念或企业家精神其本身就有待深入理解。即便是对所有人都有利的变化和交换，有时也并未被视作好事。

圣保罗还说过“不劳动，不得食”，其实他是在说工作的机会和工作的意愿之间的关系。就我们自己而言，经济上的幸福有赖于上述两者。没有工作可做，我们就无法工作。没有工作的需要或要求，我们什么事也不会干。没人会认为不劳而食是美德。直到如今，人类依然需要学习如何创造和维持生产经营活动，以依靠习得的知识养家糊口。这并非生而就有的能力，而必须在后天发掘、发展。这也是人之为人所必须弄清并付诸实施的事业之一。

本书所论及的早期近代时期，即自圣托马斯(Saint Thomas)去世的1274年至《国富论》发表的1776年，经历了神圣罗马帝国的逐渐衰落和民族国家的兴起。同时，这也是伴随着地理大发现和航海探险的时代：先是哥伦布、麦哲伦以及诸如热那亚、威尼斯和佛罗伦萨等意大利城邦的探险家，随后是葡萄牙人、荷兰人、法国人和英国人发现去往东方和美洲的线路。随着这些国际贸易线路的开通，新的财富以贵金属和原料、制成品的形式滚滚而来。还有就是殖民地。这些产品和原料当如何估值和偿付？新生的民族国家在这一进程中扮演着怎样的角色？如何对产出和出售进行账目处理或记录保存？如何计量所有权、利润、损失，或 9
法律义务？

这一时期或可称为“商业革命时代”(the Age of the Commercial Revolution)，其结果通向工业革命。通常认为，工业革命是在18世纪的最后25年中，伴随着蒸汽机的发明和棉纺业的兴起，滥觞于英格兰。关于近代的这一时期，人们熟知，记录齐全，但对于这一发展过程的西班牙、葡萄牙背景，包括其在东方和新世界的殖民地，人们恐怕知之甚少，尽管正如夏福恩指出，这一经济发展的伦理和经济方面其实最早生发在上述地区。夏福恩致力于一般自由市场经济研究。他懂得经济自由主义的重商主义背景，了解殖民国家出于其政治目的对经济的控制，以及它们最终为这种对经济发展的限制所要付出的代价。

本书试图解释现代经济学与公民社会中人类的目的这类更具伦理意义的问题的相关性，而这正是其独特之处。不像那些持更自由主义或社会主义立场的人，夏福恩并不认为经济原则与道德思考之间必定存在对立。他甚至在市场中为公共利益和伦理价值留出了地盘。许多经典论题构成了本书的章节标题：私有财产、公共财政、货币、贸易、价格、利润、利息、银行业、公平价格和公平工资。

针对每个议题，夏福恩都会给出一番富于启发性的探讨：这些事物一旦在实践中出现，西班牙的伟大思想家是如何论述的。这些思想家包括维多里亚(Vitoria)、莫里纳(Molina)、马里亚纳(Mariana)、德·索托(De Soto)、莱西奥(Lessio)、巴涅斯(Bañez)、德·莱德斯马(de Ledesma),以及一般读者从未听说但曾论及经济学中的这些专题的学者,多到令人眼花缭乱。此外,夏福恩还将之与早期希腊、罗马和中世纪的经典——从亚里士多德到奥古斯丁、阿奎那、圣安东尼诺(Saint Antonino)和圣贝尔纳迪诺(Saint Bernadino)——相联系,并论述了它们对亚当·斯密、普芬道夫、李嘉图(Ricardo)、格劳秀斯、杜尔哥(Turgot)、庞巴维克(Böhm-Bawerk)等现代经济学奠基者的影响。

在思考这些问题的同时,夏福恩也意识到那些现代自由市场经济学理论巨人的意义,尤其是冯·米塞斯(von Mises)。夏福恩注意到了伯纳德·邓普西(Bernard Dempsey)对高利贷和利息的研究,熊彼特(Schumpeter)著名的经济思想史,教皇通谕,德鲁沃尔(De Roover)以及其他现代经济学史研究成果。在讨论这些思想时,夏福恩简明扼要。他以清晰直接的方式论及大量材料,使我们对于经济思想的实际发展脉络有了更为清晰的了解,获得了更多的相关知识。

经济学说史中最著名的论点或许就是马克斯·韦伯(Max Weber)在其《新教伦理与资本主义精神》(*Protestant Ethic and the Spirit of Capitalism*)中所提出的。他认为,资本主义或市场经济之所以在新教地区发展起来,是因为其中的某种源于天主教地区的神学背景。尽管桑巴
10 特(Sombart)早先曾点出过犹太人对这一发展的影响,阿敏托尔·方伐尼(Amintore Fanfani)和乔治·奥布朗(George O'Brien)也曾指出天主教地区和思想的重要性,但只有夏福恩的这部书详细阐明了那些主要的天主教思想家所作出各种贡献。夏福恩的目的未必在于"争辩驳斥",而只是如实全面地记述这一背景。

本书也是针对那些忽视或完全不懂一般道德目的与经济学之间关系的自由市场经济学家和历史学家而写。夏福恩以明晰而系统的方式,论述这种联系——基于对道德和经济的漫长思考历史——对于现代经

济学研究和社会思想实践，都将会作出积极的贡献。夏福恩没有回避国家的规模、税收政策、穷人、公正和慈善等困难的问题。总而言之，这是本论述现代经济的起源和发展，并讨论它应怎样和不应怎样的书。

乔治城大学政府资助教授

詹姆斯·V. 肖尔(James V. Shall)

第二版序言

感谢本书意大利版的出版商，正是在出版意大利版的时候，原始文 11
本的许多排印错误得到了纠正。如今我非常高兴地将这一修订版呈现在英语读者面前。

书中最大的变化就是增加了关于极端需求问题的讨论。这一讨论安排在本书第 3 章“私有财产”部分中。感谢耶稣会的 James Sadowsky 神父，是他建议我增加这一新的分析。第一版中忽略了有关极端需求的讨论，在这一版里我强调了它的重要性。

此外，本书初版至今已十五年，必须充分认识到，其间世界许多地方的政治和经济形势已发生了许多变化。柏林墙倒塌就是其中的典型事例。我在第二版的“结语”中运用了这些材料，因为它们为晚期经院哲学家所明确教导的有关私有财产权利的价值提供了论据。

如同所有修订本，第二版中有大量细小的修订处，表现为某个新增加的解释性注释、更准确或详细的引证、更为简明的句子、措词的修改、遗漏的材料、更精确的语言等等。这些修订我受惠于很多人。已故的 Murray N. Rothbard(1926 - 1995)非常宽宏大量地评论了我的著作，让我明白，在第一版中将雅克・杜尔哥(1727 - 1781)的贡献作为与重农主义相一致的理论来处理是有问题的。

我还要感谢 Micheal Novak、Rafael Termes 和 Dario Antiseri，他们 12
为本书的不同版本写了导言。或许，更为重要的是，我应感谢上述作者和 Robert Sirico 神父对我以及其他一些研究天主教信仰和自由经济原则之间兼容性的人的持续鼓励。我始终感谢阿根廷天主教大学的Oreste Popescu博士,他最早引导我发现被忽略的晚期经院哲学家著作的知识宝库,还有智利公共研究中心(the Centro de Estudios Públicos)的Arturo Fontaine Talavera博士、Ignatius出版社的耶稣会的Joseph Fessio神父,他们为我的研究提供了重要的编辑方面的支持。

感谢阿克顿宗教与自由研究所支持我出版新一版。我更要向Kris Alan Mauren、Samuel Gregg博士和Gloria Zúñiga博士致谢。事实上,书中依然有不少错误,对此我应自行负责。

我必须提到我的精神朋友的帮助。上帝的莅临和圣子的援助之手帮我渡过难关。他是真理。错误在我。

阿里扬德罗·安东尼奥·夏福恩

于弗吉尼亚州费尔法克斯

第一章　晚期经院哲学家

中世纪的经院哲学，作为一种智识运动和时代，从公元 800 年至 13
1500 年绵延了大约七个世纪，但 12、13 世纪是公认的经院哲学活跃的时期。其中 1350 至 1500 年的学术活动被称为晚期经院哲学。尽管许多作者认为 14 世纪之后，经院哲学思想已开始衰落，但其重要性则一直保持到 17 世纪后期。本书关注的焦点就是晚期经院哲学家的著作，尤其是他们关于经济学的论著。

经院哲学家(*Scholastic*)这个术语意指那些运用学院方法的教师和作家。它源于拉丁语 schola(学院)。

> 本质上是对人文科学、哲学、神学、医学和法学的各个相关问题的一种理性研究，检验对立的观点，以求得一种与公认的权威、已知的事实、人类理性和基督真理相一致的智慧而科学的结论。[1]

经院哲学的终极目标是建构一套适用于所有生活领域的统一的科学思想。中世纪经院学者，或者按他们喜欢的称呼——“博士”(Doctor)，是当时最重要的思想家。他们的分析和结论对天主教思想影响巨大，以致成为当代神学、哲学乃至社会科学的重要基础之一。

14 起源和影响

I. C. 布拉迪(I. C. Brady)将经院哲学的兴起归因于“亚里士多德辩证法在神学、哲学和教会法中的运用”[2]。亚里士多德的著作从阿拉伯文翻译成拉丁文,在西方世界重新出现后,绝大多数经院哲学著作家对其观念烂熟于胸,同时他们也信赖新旧约圣经、“教会长老”的著作(也就是教父们的著作[Patristic literature])和罗马法学家的作品[3]。

圣托马斯·阿奎那(1226－1274)是最重要的经院哲学著作家。他的影响极其深远,几乎所有后来的经院学者都研究、引用、评论过他的论述。圣托马斯之后涌现出许多著作涉及经济学的经院哲学家。锡耶那的圣贝尔纳迪诺(Saint Bernardino of Sienna, 1380－1444)、佛罗伦萨的圣安东尼诺(Saint Antonino of Florence, 1389－1459)、约阿尼斯·吉尔森(Joannis Gerson, 1362－1428)、康拉杜·苏门哈特(Conradus Summenhart, 1465－1511)和西尔维斯特·德·普利埃罗(Sylvestre de Priero,死于1523年)可能是最著名的几位,他们被后来者引用最多。卡吉坦(Cajetan,卡迪纳尔·托马斯·德·维奥[Cardinal Tomas de Vio J, 1468－1534)的著作则是这些经院哲学家与其西班牙后来者之间过渡期的代表。而我们主要关注的正是这些西班牙经院哲学家的经济思考。

西班牙的经院哲学家

西班牙经院哲学常被称为“萨拉曼卡学派”(School of Salamanca)。玛乔里·格瑞斯-哈钦森(Marjorie Grice-Hutchinson)在其《西班牙早期经济思想:1177－1740》(*Early Economic Thought in Spain, 1177－1740*)一书中用了一章的篇幅来论述“萨拉曼卡学派”。雷蒙德·德鲁沃尔(Raymond De Roover)也曾提及“著名的萨拉曼卡学派”。[4]许多西班牙经院哲学家在萨拉曼卡研究或教学,但事实上也有一些最重要经院哲学作者则在西班牙其他地方的大学,诸如阿尔卡拉·德·埃纳雷斯(Alcalá de Henares)的康普顿斯(the Complutense)大学。因此，对于这一西班牙思想团体，更为准确的称呼应该是“西班牙经院哲学家”。[5]

弗朗西斯科·德·维多里亚(Francisco de Vitoria，约 1480－1546)被称为西班牙经院哲学之父。他属于多明我会，在索邦大学(the Sorbonne)研究和教学，在那里他协助编辑阿奎那的《神学大全》(*Summa Theologica*)和佛罗伦萨的圣安东尼诺的《神学总论》(*Summa*)。1522 至 1546 年，他执教于萨拉曼卡大学。

多明戈·德·索托(Domingo de Soto, 1495－1560)也是多明我会修士，到阿尔卡拉(Alcalá)后又在巴黎跟随维多里亚从事研究。回西班牙后，他在阿尔卡拉教书，1531 年在萨拉曼卡被任命为神学教授。他的《论正义和法律》(*De Iustitia et Iure*)在 50 年中至少出版了 27 个版本，并持续影响着各种学者团体。[6]最近的一个双语版 1968 年出版于马德里。

另一个早期西班牙经院哲学家是马丁·德·阿兹皮尔库埃塔(Martín de Azpilcueta)，也称“纳瓦鲁博士”(Dr. Navarrus, 1493－1586)。他是当时最杰出的圣典学者，曾执教于萨拉曼卡和葡萄牙的科英布拉 15
(Coimbra)。他的《忏悔和沉思手册》(*Manual de Confesores y Penitentes*)[7]在出版后一个世纪内是流布最广的灵修手册之一。阿兹皮尔库埃塔也是多明我会修士。其他重要的多明我会经院哲学家包括多明戈·德·巴涅斯(Domingo de Bañez, 1528－1604)、托马斯·梅尔卡多(Tomas de Mercado，约 1500－1575)、弗朗西斯科·加西亚(Francisco Garciá)[8]和佩德罗·德·莱德斯马(Pedro de Ledesma)[9]。

但是，不可认为经院哲学仅属于一个宗教团体。方济各会思想家胡安·德·梅迪纳(Juan de Medina, 1490－1546)、路易·德·阿尔卡拉(Luis de Alcalá)[10]和亨里克·德·维拉罗伯士(Henrique de Villalobos，死于 1637 年)均运用经院哲学资源和方法。奥古斯丁会(the Augustinian)的主教米盖尔·萨龙(Miguel Salón, 1538－1620)和佩德罗·德·阿拉贡(Pedro de Aragón)[11]、克里斯托保尔·德·维拉隆

(Cristobal de Villalón)[12]、路易·萨拉维亚·德·卡勒·维隆嫩森(Luis Saravia de la Calle Veronense)[13]和菲利浦·德·拉·克鲁兹(Felipe de la Cruz)[14]对于经院哲学思想亦有贡献。随着耶稣会在1540年创立,耶稣会思想家,诸如路易·德·莫里纳(Luis de Molina, 1535－1600)、胡安·德·马里亚那(Juan de Mariana, 1535－1624)、弗朗西斯科·苏亚雷斯(Francisco Suarez, 1548－1617)、胡安·德·萨拉(Juan de Salas, 1553－1612)、莱昂纳多·莱西奥(Leonardo Lessio, 1554－1623)、胡安·德·鲁戈(Juan de Lugo, 1583－1660)、佩德罗·德·奥纳特(Pedro de Oñate, 1567－1646)、胡安·德·马蒂昂佐(Juan de Matienzo, 1520－1579)和安东尼奥·德·埃斯科瓦尔·门多萨(Antonio de Escobar y Mendoza, 1589－1669)等,也作出了重要的贡献。事实上,一些历史学家认为,晚期经院哲学信奉的经济态度其实基本上是属于这些耶稣会思想家的。比如,H. M. 罗伯逊(H. M. Robertson)说,耶稣会

> 赞成企业、自由投机和贸易扩张,视之为社会公益。毫不困难地宣称宗教赞成资本主义精神的是耶稣会教义而非加尔文主义。[15]

耶稣会思想或者确实支持某种基于私有制的体系(后马克思的作者谈到的资本主义体系),但不能由此将所有与该系统相关的赞颂(或指责,如果我们戴着不同的有色眼镜来看待历史)都归于耶稣会。正如我们将要看到的,耶稣会的智识传统有着多种来源,包括亚里士多德、圣托马斯·阿奎那及其经院哲学的追随者。晚期经院耶稣会思想家的贡献是突出的,但在智识的沙场上不只有他们。西班牙耶稣会思想家是与同时代最优秀的神学家、法学家和哲学家一起创立其学说的。

下文的图1描绘了晚期经院哲学的"家族谱系树",可以作为本章晚期经院哲学介绍的总结。该图还是经院哲学在西方世界传播的图解。莫里纳(Molina)和里贝罗(Rebelo)在葡萄牙,埃斯科巴尔(Escobar)在法

国(在那里重农主义者与西班牙经院哲学家拥有许多共同的理念)、莱昂纳多·莱西奥(他对雨果·格老秀斯[Hugo Gratius, 1583 - 1645]影响巨大)则在荷兰产生了相当大的影响。迪亚纳(Diana, 1585 - 1663)和包那西纳(Bonacina, 1585 - 1663)推动经院哲学在意大利的传播,与此同时,马蒂昂佐和奥纳特则参与将经院哲学引入西班牙美洲殖民地的工作。在德国,西班牙经院哲学对萨缪尔·冯·普芬道夫(Samuel von 16
Pufendorf, 1632 - 1694)的著作产生巨大影响。通过格老秀斯、普芬道夫和重农主义者,晚期经院哲学的许多理念影响了盎格鲁-撒克逊的经济思想,尤其是“苏格兰学派”,包括弗格森(Ferguson, 1723 - 1816)、哈奇森(Hutcheson, 1694 - 1746)和斯密(Smith,约 1723 - 1790)[16]。

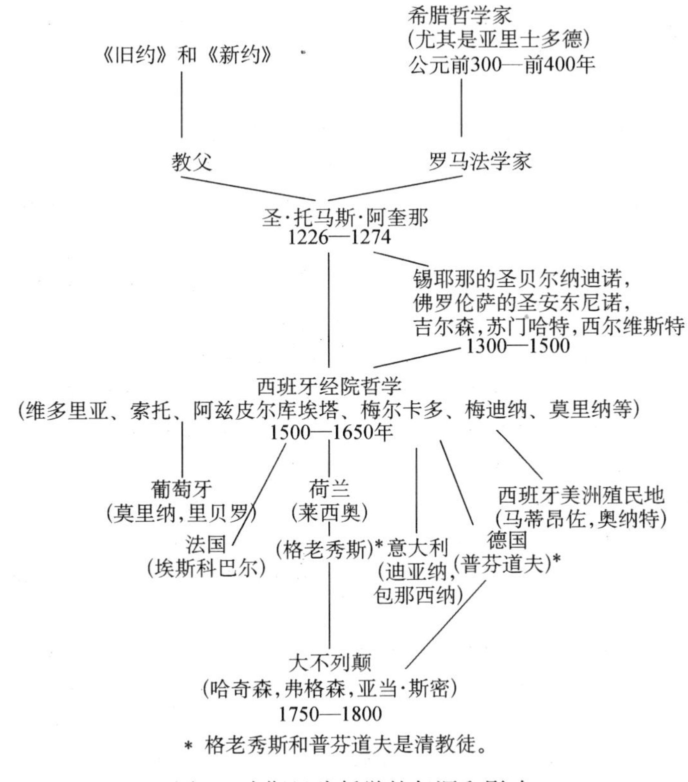

图 1　晚期经院哲学的起源和影响

17 **注释：**

1. *New Catholic Encyclopedia* （New York：McGraw-Hill，1967），s. v. "Scholastic Method，" by J. A. Weisheipl.
2. *New Catholic Encyclopedia*，s. v. "Scholasticism，" by I. C. Brady.
3. 比如，罗马法学家保罗(Paulo)。参见 Bernard W. Dempsey，"Just Price in a Functional Economy，" *American Economic Review* 25（September 1935）：473 - 74。
4. Marjorie Grice-Hutchinson，*Early Economic Thought in Spain*，1177 - 1740（London：Allen & Unwin，1975）；*International Encyclopedia of the Social Sciences*（New York：Free Press，1968），s. v. "Economic Thought，Ancient and Medieval Thought，" by Raymond De Roover.
5. 在其出色的论文"Aspectos Análiticos en la Doctrina del Justo Precio de Juan de Matienzo（1520 - 1579）" in *La Economia Como Disciplina Cientifica：Ensayos en Honor del Profesor Dr. Francisco Valsechi*（Buenos Aires：Macchi，1982），235 - 86 中，奥瑞斯特・波佩斯库(Oreste Popescu)对这个名称的用法提出了挑战。我对"西班牙经院哲学家"这一术语的偏爱当归因于 Popescu 博士的令人信服的争辩。
6. Grice-Hutchinson，*Early Economic Thought in Spain*，95；Domingo de Soto，De Iustitia et Iure（Madrid：IEP，1968）.
7. Martín de Azpilcueta，*Manual de Confesores y Penitentes*（Salamanca，1556）.
8. Francisco García，*Tratado Utilísimo de Todos los Contratos*，*Quantos en los Negocios Humanos se Pueden Ofrecer*（Valencia，1583）.
9. Pedro de Ledesma，*Summa*（Salamanca，1614）.
10. Luis de Alcalá，*Tractado de los prestamos que passan entre mercaderes y tractantes*，*y por consiguiente de los logros*，*cambios*，*compras adelantadas*，*y ventas al fiado*（Toledo：Juan de Ayala，1543）.
11. Pedro de Aragón，*De Iustitia et Iure*（Lyon，1596）.
12. Cristobal de Villalón，*Provechoso Tratado de Cambios y Contrataciones de Mercaderes y Reprobacion de Usura*（Valladolid：Francisco Fernandez de Cordoba，1542）.
13. Luis Saravia de la Calle Veronense，*Instrucción de Mercaderes muy Provechosa*（Medina del Campo，1544）. 该著作的现代版 1949 年出版于马德里。
14. Felipe de la Cruz，*Tratado Unico de Intereses Sobre si se Puede Llevar Dinero por Prestallo*（Madrid：Francisco Martinez，1637）.

15. H. M. Robertson, Aspects of the Rise of Economic Individualism: A Criticism of Max Weber and His School. New ed. (Clifton, N. J.: A. M. Kelly, 1973), 164.

16. 亚当·斯密在《论公正的讲演》(*Lectures on Justice*)中大量引用格老秀斯和普芬道夫。亚当·斯密上弗朗西斯·哈奇森的课时,上述两位清教作者的书是必备的教科书。Adam Smith, *Lectures on Justice, Police, Revenue and Arms, Delivered in the University of Glasgow by Adam Smith, Reported by a Student in 1763* (New York: Kelley & Millman, 1956), 177.

第二章　经院哲学的经济学方法

19 经院哲学的经济学方法根植于自然法理论。为此，如要正确理解经院哲学的经济思想，我们必须审视经院哲学对自然法的理解。自然法理论在中世纪欣欣向荣，尤其是在后阿奎那时期。对于J. 吉尔森、康拉杜·苏门哈特、锡耶纳的贝尔纳迪诺、佛罗伦萨的圣安东尼诺而言，自然法概念是其伦理和社会分析的基础。从弗朗西斯·德·维多里亚开始，西班牙经院哲学延续了这一自然法传统。[1]

圣托马斯·阿奎那将自然法定义为“理性的造物对永恒法的参与”(*Participatio Legis aeternae in rationali creaturea*)。永恒法是指上帝制定的、引导一切造物达成其最终目的的计划。从这个角度来看，在正确而预定的上帝的计划——也就是永恒法——之中，人类的理智参与自然道德律的构成。[2]就托马斯的伦理观而言，

> 人类理解力的合理使用是道德律的一个近似的来源。用以制定道德律的人类理解力的合理使用称为**正确推理**(*right reasoning*)。由于正确推理是以人的本性及其周遭事物的本性为根基的，并且由于它是对人类生命中活动是否恰当所作的理性评价，因而正确推理的判断也可称为自然法。[3]

阿奎那的著作是绝大部分经院学者研究的出发点。其他一些经院 20
哲学家则赋予自然法的各个方面以更大的重要性。一些学者将自然法当作由人类理性领会而无须推理论证的东西。巴涅兹和绝大部分多明我会的神学家(尤其是维多里亚和德·索托)都认为自然法的原则是不证自明的(*per se nota*)。按照巴涅兹的说法,自然法包含了不证自明的原则,以及必然遵循这些原则的道德律。其中一个例子就是,巴涅兹对“金律”的使用,以及他将之运用于针对私有财产的论述。根据自然法原则,“己所不欲,勿施于人,”巴涅兹得出结论说,“因此,你不可偷窃。”[4]

分析自然法和规范自然法

在经院哲学的论证中,可以将自然法分为两个分支:分析自然法(也称自然法则)和规范自然法。这两者对于经济和社会秩序而言都很重要。经院哲学家认为,人类的行为越是与自然法的这两个分支相符,其行为成功的前景便越光明。

自然法的第一分支包含了创造法则的普遍而客观的规律,就此而言,是人类所无法控制的。人类或可将关于分析自然法的知识用于技术的目的。但即便他们不这么做,也无法不受其影响。由于分析自然法不可能打破,因而它们无需靠强制施行。用卡尔·波普尔(Karl Poper)的话来说,即

> 自然法讲的就是一种严格的、不可改变的规律,在自然中它要么有效(假若这样,这个法则就是真命题),要么无效(假若这样,它就是伪命题)。[5]

而规范自然法则包含了人类行为的适当性的戒律。就此而言,规范自然法是人类道德行为的法则。与分析自然法不同,人的行为可能违反规范自然法,但必定会伴有严重的个体和实存的后果。晚期经院哲学家

对于规范自然法的法理学和伦理学方面非常重视。比如，假若发现私有财产制度与规范自然法相背，他们就会将私有财产的观念弃之若敝屣。

尽管没有作明确的定义，但分析自然法的观念潜藏在几乎所有经院学者的著作中，并且对其自然法则观念，以及由此也对其经济法则的观念的形成产生影响。比如，短缺影响价格，对于这一点的理解，就源于他
21 们假设存在着某种人类行为必须与之相符的客观自然规律。与现实存在相契合的行动被看作是理性的行为。圣托马斯·阿奎那写道："违反理性法则即有违人类本性；而所谓理性的即是与人类本性相符。"[6]约翰·芬尼斯(John Finnis)指出，"就阿奎那而言，发现在道德上什么是对(德)的、什么是错(恶)的，其方法不是问与人类本性相符的是什么，而是问什么是合乎理性的"[7]。晚期经院哲学家也将自然法定义为理性所告诉我们的有关自然本性的知识的子集。[8]

伦理学的本质

从这一角度看，人类的善与理性相关；相反，人类的恶则在合理性法则之外。这一点在阿奎那讨论合理性的段落里有附加说明：

> 于是，使人类为人好及其工作好的德行，与人类本性相符正如其与理性相符；而恶与人类本性相悖正如其与合理性法则相悖。[9]

要想查明事物的合理性，必须考察因果关系，这是一个需要科学探索和研究的过程。就阿奎那而言，一切关于真相的知识均由永恒法所**激发**(*irridatio*)，也有永恒法的**参与**(*participatio*)。一切被尊为知识的律法(即真实的律法)就是自然法(即理性造物所分享的永恒法)。[10]路易·德·莫里纳是最重要的晚期经院哲学家之一，就其而言，所谓自然的即是源于**事物本性**(*natura rei*)的。

经院哲学家易于从研究事物的本性入手，在此中他们可运用其掌握

的所有的分析概念，思考什么是**自然合法性**（*iustum naturale*）[11]。换言之，他们的分析的判断影响他们的伦理见解。[12]事实上，他们主要关心的是规范自然法和伦理判断。比如，对于货币贬值，他们首先要研究的是这一状况是善或恶及其理由。这意味着他们必须首先着手研究另外的课题，诸如货币贬值的本质及其影响之类，这显然是有别于伦理课题的分析性的问题。有时，他们交替使用两种自然法的概念，为此，指出其著作中伦理的和分析的判断很是重要。

就经院哲学家而言，伦理学是研究人类自发行为的规范学科，包括

> 由人自身控制的一切行动或不行动，因为他明白并决意做这些行为（或不行为）与其所设立的目标相关。[13]

而在今天，伦理学则被定义为 22

> 对人类自发行为的哲学研究，并确定哪类行为是善的、正确的因而应该做（或坏的、错的因而不该做），可以让人类生活得更好。[14]

经济学的本质

但人类的行为也是其他一些学科的研究对象，比如经济学、社会学和心理学。然而，在这些领域中，首要的关注点不是人类应该怎么做，而是**如何**做。

> 这类研究不关注规范……在古代和中世纪思想中，[经济学和政治学]是伦理学的组成部分；今天它们不关注规范，并被认为是在伦理学视野之外的。[15]

从伦理学的角度来看，光了解人做了什么是不够的；了解他所做的

哪些是善的则非常重要。经院学者主要倾向是以伦理为出发点来研究人类的行为。由于他们的思想植根于自然法的框架，于是他们创造了一种孕育自该框架的经济学方法。

一些经济学家采纳了这一自然法方法。按照卡尔·门格尔(Carl Menger)的看法，经济学是一门理论科学，其任务是调查和描述经济现象的一般本质和交互关联。[16]他的弟子路德维格·冯·米塞斯写道，经济学是对人类行为的研究。为此，经济学

> 是一门理论科学以及……放弃任何价值判断。它的任务并非告诉人们应有何种目标。它是一门用于达成某种既定的目标的方法的科学，而确非一门选择目标的科学。[17]

在有关这一论题的经典著作中，莱昂内尔·罗宾斯(Lionel Robbins)将经济学定义为“一门科学，它将人类行为作为目的与短缺的可有选择使用的手段之间的关系来研究”。[18]在保罗·萨缪尔森看来，

> 经济学研究的是人们和社会如何选择使用或不使用货币，获得可有多种用途的、短缺的生产性资源，以在一定时间内生产各种商品，并且在当下和未来将这些商品分送至各类人和团体之中以供消费。[19]

这些定义有共同点。它们都指出，严格地说，经济学不是一门规范
23 性的科学。更多地，经济学研究的是可以从人类有目的的行为中推断出来的形式性的含义。它不考虑这些行为本身的善恶(伦理学问题)，为此，经济科学不作价值判断。它分析因果关系，如果关系确实存在，那就是科学的。于是，经济学家不宜在面对这些关系时作伦理判断。

尽管难以想象有毫不关心伦理问题的科学家，但我们可以假定存在

非规范性科学。经济学就是其中之一。经济学的任务仅限于解释因果关系：

> 它不考虑人类行为的伦理特性，将对道德品质作价值判断的任务留给伦理学。经济学分析关心的是人们如何行事而非应该如何行事。[20]

经济科学的发现引导经济政策的规划，后者按照某个法律框架建构经济秩序。这就牵涉人的行为。根据卡尔·门格尔的看法，经济政策是"针对部分政府当局的关于适当(suitable)提升(与现实情况相适合)'国民经济'的基础性原则的科学"[21]。对**适当**的界定必然涉及价值判断。为此，莱昂内尔·罗宾斯建议，一项经济政策理论"必须在经济学之外求得其最终标准"[22]。必须首先确立道德价值标准，转而才能由此确定经济政策目标。

另一方面，经济政策也可以视为一种工具；如此，它就是无需价值判断的。工具和技术不会告诉我们什么**是**什么。

> 更确切地说，它们的问题是确定某些基本原则，并且凭借这些原则，根据各种不同的情况，最为适恰地付出特定类型的努力。它们告诉我们为实现人类的某种目标应当有哪些条件。[23]

于是，经济政策就与经济目标(有价值导向的)的选择和实现相关。在价值判断缺位的情况下，作这样的区分是不可能的：这些政策看起来可以产生想要的结果，而另一些则似乎不那么幸运。人们可以对应用性的经济政策作道德判断，因为正是人类的行为提议和履行立法的。

经济学说(比如，规范和实证经济学的权威教导)会影响目标的选择。由于它涉及论述应该有怎样的经济秩序，因而它也可以是有价值导向的。为此，经济学的这一分支与伦理学之间存在着紧密的联系。伦理学对经济学说发挥着直接的影响。不管是否明显，任何学说必定附带着一套价值判断。

24 **经济伦理学**，即对人类经济行为是善还是恶的考虑，基本上也是一门规范性的学科。路德维希·冯·米塞斯如是说：

> 伦理的标准就是从价值尺度的立场对各类行为作出判断，这些价值尺度或源于神圣的戒律，或源自每个人的灵魂。伦理学的王国并非在经济行为之外。我们不能在处理伦理问题时撇开经济问题不谈，反之亦然。[24]

价值判断不仅潜藏在经济伦理学之中，而且是其实质。这类评估必须包含三个领域：影响政策的学说，政策本身及其采用的工具。经济伦理学由此包含并熟悉科学和哲学思想的许多领域。

经济学家在跨界进入伦理学领域时应当非常小心。我们同意 T. F. 迪维纳(T. F. Divine)的观点，作为

> 在经济分析领域内的专家，经济学家几乎并不就此拥有哲学、宗教、法律、政治、心理学、美学等方面专家的资格；除非他拥有了这些资格，否则他几乎不可能在这些领域内作出称职的判断。[25]

同样地，这也适用于那些想对经济相关事务作价值判断而自身却没有受过相关专业训练的伦理学者。

伦理学对经济学的影响

伦理评价影响经济判断，同时也受到经济判断的影响。在一个人们认为富有和资本积累是值得赞许(有道德价值)的社会中，关于利润的法

律待遇（政策）与在那些利润和资本积累遭到贬斥的社会中是不同的。在许多别的道德观点方面也是如此。

从历史上看，伦理判断影响了经济科学的发展。论题和研究工具的选择只能限于道德观所规定的探索范围内。由于教会法明确谴责赚取利息，许多中世纪学者避免系统思考这个问题。类似情况在其他科学领域也有发生。比如，道德非难解剖，禁止解剖研究，而这在后来成为医学的重要构成要素。然而，有必要指出，道德观点或可推动或可阻碍科学的发展，但却无改于基本真理本身。**比如，任何道德判断都无法令经济法则失效。**

经济科学描述“是什么”。伦理学描述“应该是什么”。**是**什么与**应** 25
该是什么之间、事实与价值之间的差别，构成规范伦理学整体领域的基础。尽管事实不是价值，但与价值相关联。任何伦理学问题的讨论必须虑及这一相互关系。[26]

经济分析越准确，制定正确的经济道德判断的可能性就越大。[27]这并不是说，经济学家的任务仅限于根据“是什么”来确定“应该是什么”。他必须考虑事实和价值的无数种含义。

作为道德神学家，晚期经院哲学家费心费力地讨论什么是正义和善好。由于他们对人类行为的很多方面都有所关注，因而经济自然也是他们的议题。诸如牟取利息的权利、利润的正当性、货币干预的伦理、税的合理性等问题，在他们看来，不仅是适当的而且是基本的讨论主题。他们认识到，在作出道德评判之前，需要对经济现象的所有方面——包括利息、利润、税收等等——都进行研究。他们知道，只要研究方法得当，这类研究可以不涉及价值判断。

事实上，晚期经院哲学家研究时持有这样一种世界观：道德问题渗透于人类生活的方方面面，并不意味着他们的研究就缺乏客观性。他们运用理性和演绎的方法来描述经济过程。这种研究的目的（比如，作出道德判断）不在于否定程序和结论。与考虑某个理论背后的目的相比，我们更有必要分析该理论，看其是否正确。

尽管诸如政治科学、经济学和政治经济学等领域的研究工作可能改变不了伦理学的基础（因为“任何价值判断的完全正当性超越于对被判断事物的相关事实的陈述之上”），[28]但它有助于解决看似棘手的道德问题，或者至少抵挡那些仅由道德论证得出的结论。尽管经济分析可以影响道德判断，但它不能改变根本性的道德准则。比如，它或许能改变人们对通货膨胀的看法，但无法改变偷窃是错的这一道德原则。[29]

自然法理论的重要性

晚期经院哲学家的伦理研究方法源自托马斯主义的自然法、伦理学和经济学交互关联的概念。在中世纪，将**法**的自然主义应用于社会科学与假设某种自然秩序存在并无二致。在他们力图了解“自然的经济秩序”的过程中，运用经济学推理是合乎逻辑的。[30]

26 相信自然法就是相信自然秩序。即便是自然法方法的批评者在其中也能发现积极的因素。路德维希·冯·米塞斯[31]承认其有三个重要贡献：

1. 相信自然秩序的存在；
2. 人类理性在仅有的几个理解自然秩序的手段中具有重要性；
3. 根据其影响判断某个行为是否好（最终导向某种特殊形式的功利主义）。

如上文所述，任何科学的法则，只要是真命题，就是一种自然法，就是人类可以理解但不能改变的东西。人类理解因果关系是有用的。卡尔·波普尔写道，自然法的知识可以用于“技术性的目的……并且……不懂或忽视它们我们可能陷入困境”[32]。尽管启示可能对自然秩序知识有所帮助，但在发现这类知识方面经常运用的必须是理性。

在这个意义上，我们可以理解为何晚期经院哲学家使用功利主义的论据来证明某物某事合乎自然的是合乎逻辑的做法。图 2 说明了自然法对晚期经院哲学的经济分析的影响。自然法，包括分析的和规范的形式，均源于永恒法。自然法影响（但非预先决定）了伦理的推理。分析的和规范的自然法都对经济政策、经济学说和经济伦理产生了影响。

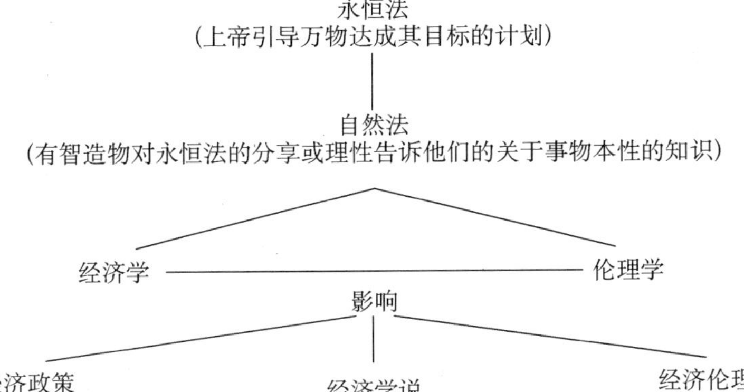

图 2　自然法对晚期经院哲学的影响

对自然和人类行为的这一理解对现代经济思想产生了显著的影响。 27
正如约瑟夫·熊彼特所言：

> 16 世纪成长为一种独立学科的自然法学说，至今对我们依然有着极大的重要性。对在该框架内形成的这一科学过程作充分的说明是困难的。[33]

注释：

1. 现代学者在赋予雨果·格老秀斯和萨缪尔·冯·普芬道夫的著作以巨大重要性时，却失于分析其直接的先导，即西班牙经院哲学家。比如，参见 Henry B. Veatch, "Natural Law: Dead or Alive," *Literature of Liberty* 1 (October-December 1978)：7－31。
2. Saint Thomas Aquinas, *Summa Theologica*, Latin text and English translation (London: Blackfriars, 1975), I-II, q. 91, art. 2, resp.

3. *New Catholic Encyclopedia* (New York: McGraw-Hill, 1967), s. v. "Ethics," by V. J. Bourke.
4. Domingo de Bañez, *De Iustitia et Iure Decisiones* (Salamanca, 1594), q. 57, f. 12; see also 39 – 40.
5. Karl Popper, *The Open Society and Its Enemies* (Princeton: Princeton University Press, 1950),58. 波普尔认为社会生活的自然法则是存在的,比如,"现代经济学理论所表述"的那些。Ibid., 68.
6. Saint Thomas Aquinas, *Summa*, I-II, q. 71, art. 2, resp. 拉丁文原文为:"*Et ideo id quod est contra ordinem rationis proprie est contra naturam hominis inquantum est homo; quod autem est secundum rationem est secundum naturam hominis inquantum est homo.*"
7. John Finnis, *Natural Law and Natural Rights* (Oxford: Clarendon Press, 1980),36.
8. Jose Mario Juan Cravero analyzes this definition in his *La Ley Natural en la Filosofía Económica de Fray Tomás de Mercado* (d. 2575), Biblioteca del Pensamiento Económico Latinoamericano del Periodo Hispano (Bibleh), Consejo Nacional de Investigaciones Cientificas y Tecnicas (Conicet), Serie Ensayos y Conferencias, no. 2 (Buenos Aires: Facultad de Ciencias Sociales y Economicas de la Pontificia Universidad Catolica Argentina Santa Maria de los Buenos Aires, 1983).
9. "*Unde virtus humana, quae hominem facit bonum, et opus ipsius bonum reddit, intantum est secundum naturam hominis inquantum convenit rationi; vitium autem intantum est contra naturam hominis inquantum est contra ordinem rationis.*" Aquinas, *Summa*, I-II, q. 71, art. 2, resp.

28 10. Aquinas, *Summa*, I-II, q. 91, art. 2. 并非所有永恒真理都能被理性理解。经由理论(思索性)理性,我们可以获得"关于特定的普遍原则的知识",但无法获得"每个单一真理自身的知识"。*Summa*, I-II, q. 91, art. 3。自然法是实践理性的命令。"因此,法的第一项命令就是,'善必须追求必须践行,而恶必须避免';自然法的其他戒律皆以此为基,为此,任何实践理性自然地理解为人类之善或恶的,皆属于必须完成的自然法的戒律。" *Summa*, I-II, q. 94, art. 2. 实践理性从特定的原则出发,达致特定的结论。基于自然法的本质,人类理性必须做更为特殊的安排。*Summa*, I-II, q. 91, art. 3. 自然法属于实践理性的范畴。

11. Luis de Molina, *De Iustitia et Iure* (Moguntiae, 1614), Tr. 1, disp. 4. The text in Latin reads "*Cuius obligatio oritur ex natura rei.*"约瑟夫·熊彼特写道,路易·德·莫里纳"一方面,以理性的命令(*ratio recta*)以及社会方面的

权宜和必然，清楚地辨析了自然法，另一方面……他明确地将自然法与我们的理性判断紧密结合”。*History of Economic Analysis*（Oxford：Oxford University Press，1954），109.

12. *The New Catholic Encyclopedia* 提供了如下解释：“规范系统预先假设一种解释理论用于分析经济现象；某项解释性自然法的支持者，很少满足于停留在纯粹的层面上，他们倾向于将其结论提升为伦理规范和政策原则”，见“Natural Law in Economics”词条，L. C. Brown 撰写。该作者说，“规范自然法的复兴将要求其支持者给予经济学理论以更好的指令”。
13. 同上。
14. *New Catholic Encyclopedia*，s. v. “Ethics” by V. J. Bourke.
15. 同上。
16. Carl Menger，*Problems of Economics and Sociology*（Urbana，Ill.：University of Illinois Press，1963），39，210.
17. Ludwig von Mises，*Human Action*，2d ed.（New Haven，Conn.：Yale University Press，1959），10.
18. Lionel Robbins，*An Essay on the Nature and Significance of Economic Science*（London：Macmillan，1952），16.
19. Paul A. Samuelson，*Economics，An Introductory Analysis*，7th ed.（New York：McGraw-Hill，1967），5.
20. *New Catholic Encyclopedia*，s. v. “Economics and Ethics，” by T. F. Divine.
21. Menger，*Problems*，211.
22. Lionel Robbins，*The Theory of Economic Policy in English Classical Political Economy*（London：Macmillan，1952），176－77.
23. Menger，*Problems*，38.
24. Margit von Mises，*My Years with Ludwig von Mises*（New Rochelle，N. Y.： 29
Arlington House，1976），134.
25. *New Catholic Encyclopedia*，s. v. “Economics and Ethics，” by T. F. Divine，83.
26. See，for example，Julius Kovesi，“Against the Ritual of ‘Is’ and ‘Ought，”’ *Midwestern Studies in Philosophy* 3（1978）：5－16；Ralph McInerny “Naturalism and Thomistic Ethics，” *The Thomist* 40（April 1976）：222－42.
27. Paul W. Taylor，*Problems of Moral Philosophy*：*An Introduction to Ethics*（Belmont，Calif.：Dickenson，1967），366.
28. Ibid.
29. Tom L. Beauchamp 在下述论文中针对该论题进行了有趣的分析：“The

Foundations of Ethics and the Foundations of Science," to be found in *Knowing and Valuing*: *The Search for Common Roots*, ed. H. T. Engelhardt, Jr., and D. Callahan, vol. 4 (New York: Hastings Center, Institute of Society, Ethics and the Life Sciences, 1980), 260 - 269。

30. Joseph A. Schumpeter includes a fine analysis of this topic in his *History of Economic Analysis* (New York: Oxford University Press, 1954), 110 - 13.

31. "忽视这样一个事实将是极大的错误，即所有学说都包含有一种合理的概念，它既不会由于与某些靠不住的异想天开有瓜葛而受到损害，也不会受到任何评判的怀疑。相比古典经济学家在一连串人类活动现象中发现某种规律性，自然法的捍卫者很早就模糊地意识到这一无可避免的事实。在自然法旗下呈现的各色令人眼花缭乱的学说中，最终出现了一套经得起任何指摘的定律。其一，人类若要成功则其行为必须服从事物存在的自然法则。其二，人类认识自然法则的唯一方法就是思考和论证，任何社会制度都必须经受理性论证的检验和评估。其三，不存在一个可以评估任何个人或群体的行为模式的标准，但存在一个可以评判这类行为之结果的标准。作为其终极的逻辑结果，自然法思想最后将通向理性主义和功利主义。" Ludwig von Mises, *Theory and History* (New Haven, Conn.: Yale University Press, 1957), 44 - 45.

32. Popper, *The Open Society*, 59.

33. Schumpeter, *Economic Doctrine and Method* (New York: Oxford University Press, 1954), 19 - 20.

第三章　私有财产

一天，圣方济各(Saint Francis)路经一个城市，一个恶魔附体的 31
人跑到他面前问他："世上最大的罪孽是什么？"圣方济各回答是杀人。但恶魔回应说，还有一桩更严重的罪孽。于是圣方济各命令道："凭着上帝的美德，告诉我哪桩罪行比杀人还严重！"恶魔回答道，占有属于别人的东西比杀人更恶，因为这桩罪驱使最多的人走向地狱。[1]

承续托马斯主义的自然法传统，晚期经院哲学家认为认可私有财产的正当性极其重要。遵循阿奎那的思想，西班牙经院哲学家宣称财产权既源自永恒法也源自自然法。一些早期经院著作家曾辩称物品应该共有，并谴责拥有财富的人。那些反对所有财产的人经常引用《圣经》中描述年轻富人的段落(《新约·路加福音》18:18－25)。一个首领家族的成员走近耶稣，问道：

"善师，我要做什么，才能承受永生？"耶稣给他说："你为什么称我善呢？除了天主一个外，没有谁是善的。诫命你都知道：不可奸淫，不可杀人，不可偷盗，不可作假见证，应孝敬你的父母。"那人说："这一切我自幼就都遵守了。"耶稣听后，便向他说："你还缺少一样：

32 把你一切所有的变卖了，施舍给穷人，你必有宝藏在天上，然后来跟从我！”那人听了这话，异常悲伤，因为他是个很富有的人。耶稣见他如此，便说：“那些有钱财的人，进入天主的国是多么难啊！骆驼穿过针孔，比富有的人进入天主的国还容易。”[2]〔1〕

晚期经院哲学家不同意这一谴责，运用圣经的论据和分析来证明他们的观点。尽管许多著作家认为耶稣是在谴责拥有财富，但晚期经院哲学家指出这并非正确的解释。《路加福音》14 章 26 节中，耶稣说：“如果谁来就我，而不恼恨自己的父亲、母亲、妻子、儿女、兄弟、姐妹，甚至自己的性命，不能做我的门徒。”经院哲学家们引用这一节，指出这一节并非命令基督徒憎恨自己的父母。这样的教义是与第四诫命相矛盾的。托马斯主义者和经院哲学家对前述章节的解释是，天国拒绝任何将物质价值看得比天主更高的人进入。[3]在《玛窦福音》〔2〕第 10 章 37 节中，可以读到类似的表述：“谁爱父亲或母亲超过我，不配是我的；谁爱儿子或女儿超过我，不配是我的。”将造物看得比造物主还重是违反自然法则的，那个年轻的首领将追逐财富作为其终极目标正是这样的行为。[4]正如《路加福音》(12:29－31)中所表明的：

你们不要谋求吃什么，喝什么，也不要忧愁挂心，因为这一切都是世上的外邦人所寻求的，至于你们，你们的父知道你们需要这些。那么只要寻求他的国，这些自会加给你们。

就财富问题而言，注意许多亲近耶稣的人在当时都是相当富有这一

〔1〕由于本书所论涉及皆为天主教背景，故书中所涉所引《圣经》中文翻译亦从思高版中文天主教圣经。——译者注
说明：本书页下注均为译者注，以下不再一一标明。
〔2〕和合本译作《马太福音》。

点不无裨益。若瑟(Joseph)〔3〕似乎有自己的生意,或许还有一头驴;伯多禄(Peter)〔4〕有一条渔船,玛窦是税吏。耶稣表扬过富人匝凯(Zaccheus)〔5〕[5]。当耶稣的门徒们陷于怀疑之中时,正是富人阿黎玛特雅(Arimathea)的若瑟依然坚持信仰(《玛窦福音》27:57)。细致的分析表明,耶稣谴责的不是拥有财富,而是对财富的病态的执著。[6]

然而,许多神学思想家依然拒绝讨论私人财产拥有的合法性问题。

那些反对私有财产的人还引用《宗徒大事录》〔6〕第2章44-47节:

> 凡信了的人,常齐集一处,一切所有皆归公用。他们把产业和财物变卖,按照每人的需要分配。每天都成群结队地前往圣殿,也挨户擘饼,怀着欢乐和诚实的心一起进食。他们常赞颂天主,也获得了全民众的爱戴。

如同圣托马斯,[7]晚期经院哲学家回忆起了圣奥古斯丁对所谓“使 33
徒”教诲的谴责。他们宣称,拥有财产就不能进入天国的说法是异端邪说。莱西奥指出《圣经》中的许多章节都宣称拥有财产不是罪。[8]米盖尔·萨龙(Miguel Salòn)在这个问题上援引圣奥古斯丁的权威说法。[9]胡安·德·梅迪纳也援引圣奥古斯丁,并补充道,尽管有些门徒拥有财产,但耶稣没有要求他们放弃。梅迪纳进一步指出,自然法既未强令也未禁止物品的分配。[10]

佩德罗·德·阿拉贡(Pedro de Aragón)解释道,如果我们假设财物共有对特定的人群(比如,宗教团体的成员)来说是好的,但不能由此推论这对所有人都合适。[11]如果按此逻辑,我们岂不可得出这样的结论:既

〔3〕和合本作约瑟。
〔4〕和合本作彼得。
〔5〕和合本作撒该。
〔6〕和合本作《使徒行传》。

然教士必须独身，那么所有人都不应结婚？

按照梅迪纳和阿拉贡的说法，对阿纳尼亚（Ananias）〔7〕的谴责（他假装放弃全部财产）不能证明财富是邪恶的。阿纳尼亚的罪行在于向圣灵说谎。[12]为了进一步证明自己的观点，梅迪纳引用《圣咏集》〔8〕第62篇："如财宝日增，也不要挂念在心。"[13]维拉罗博斯引用《箴言》第10章22节："使人致富的，是上主的降福；营营的辛劳，却无补于事。"[14]

除了引用《圣经》，中世纪经院学者在捍卫私有权时运用逻辑和推理论证。他们断定私有制便于人类的发展。博士们提出功利主义的论点表明私人拥有的物品比公有的物品得到了更好的使用。这一解释可视为经济发展理论的萌芽：物品的分配及其最终由私人拥有有助于提高生产，生产的提高常常有助于公益。

多明戈·德·索托以一个亚里士多德主义者和托马斯主义者的观点批判财产公有。[15]为了证明在一个财产公有的系统里不可能实现富裕，他提出了三种可能的安排：(1)土地私有，而地上之出产则公共分配；(2)土地公有，而出产私有；(3)土地和出产均公有。德·索托确认这三个制度都有各自的缺陷。在第一种情况中，争端必起。

> 劳动所得的报偿不公平。谁拥有的土地多，谁就得多劳作，而他们的劳动成果则被按照需要平等地分配了。他们将会因付出劳动多所得少而怨恨。[16]

土地公有而产出私有，则会出现"所有人都希望别人去干活的"的情况。由于人们非常渴望有自己的东西，"财货的分配将引发严重的嫉妒心理"。[17]类似问题在土地和产出均公有的情况下也会出现：

---

〔7〕和合本作亚拿尼亚。
〔8〕和合本作《诗篇》。

> 每个劳动者都会尽其所能地占有尽可能多的物品，并且，鉴于人皆有致富欲望，所有人都会以同样的方式行事。哲学家所追求的和平、宁静和友谊由此必定遭到破坏。[18] 34

只要物品公有，秩序井然的社会及和平相处的分工就是不可能的事情。因为没有人会愿意从事危险的职业，社会将失去平静的状态。德·索托由此总结道，最好的社会经济学安排就是财物以及这些财物的产出均私有。

除了为私有财产的合理性进行经济论证，晚期经院哲学家还援引道德理性。德·索托写道，在财货公有的环境中，慷慨的美德将消失，因为“一无所有者没法慷慨”。[19]好客的美德也将成为不可能，因为没有人有自己的房子。德·索托引用奥古斯丁的格言：宣称拥有财产有罪的人是异教徒。他指出，即便是教士也会有自己的财产。事实上，康斯坦斯大公会议（Council of Constance，1414－1418）上就对约翰·胡斯（John Hus）反对这一原则进行过审查。[20]有人认为财产私有不能解决社会中出现的争端和邪恶，针对这一异议，德·索托解释道，不能因为一条法律是正义的，“就要求它的所有目标都必须实现”。他进一步阐述道，“没有一条法律可以阻止人滥用他的自由”[21]。尽管私有财产制度可以促进和平与平等，它不能保证消除邪恶。

托马斯·德·梅卡多（Tomas de Mercado）也承认人有利己之心，并且对与自己财产有关的一切总是特别关心。他指出，财产公有是事与愿违的。

> 因为人总是最爱他自己的东西。如果我爱上帝，我爱的是**我的**上帝、造物主和救世主。如果我爱生我的人，我爱的是**我的**父亲。如果一个父亲爱他的孩子，那是因为他们是**他的**孩子。如果一个妻子爱她的丈夫，那是因为他是**她的**丈夫，反之亦然……如果我爱一

个朋友，因为那是**我的**朋友或**我的**父母或**我的**邻居。如果我想要公益，那是因为它有利于**我的**宗教或**我的**故乡或**我的**共和国。爱常常包含着**我的**(mine)这个词，所有权概念是爱的本性和本质的基础。[22]

由于原罪，人类的贪欲无限，以至于“整个世界都不能满足一个人，更不用说所有人”[23]。认识到经济财物的短缺，梅卡多相信私有财产是减轻——即便不是克服——短缺的有效方法。

不喜欢自己的利益或不愿把自己的家布置得比公共场所更好，
35 这样的人我们从未见过。我们可以看到私有财产欣欣向荣，而城市和议会拥有的财产却少人关心，管理糟糕。就此而言，亚里士多德曾断言，人必定在做他自己的事情时会感到快乐。向人说明，懂得他是他生产的事物的主人这个道理有多么重要，并非易事。另一方面，人们对公共事业漠不关心……人类丧失纯真之后，每个个体必然以动产或不动产的形式分享这世间的万物……如果普遍的爱未能引导人们关心事物，私利取而代之。于是，私有财货将会增殖。但如果财货公有，则结果相反。[24]

胡安·德·马里亚纳也论及了私利与经济财货的小心使用之间的关系。他不完全赞同那些提出以下问题的人：

除非想要摧毁某个人的幸福的全部基础，否则谁会去剥夺他的这种条件和天性？还有什么比为了他人利益而按照常见的所谓正义要求损害自身利益的行为更不明智呢？[25]

然而，他确实承认私利对于有情众生来说是天性。“如果货物交易被废除，”他补充道，“社会不可能存在，而我们将生活在贫困和痛苦中。

我们将不信任我们的孩子，孩子们也将不信任他们的父母。”[26]社会之所以存在，是因为人并非自给自足的。“不同群体之间丰富的物物交换可以克服稀缺。”[27]他告诫当局者时刻牢记“没有什么比自身效用更能驱使人去行动，无论他是君王还是公民”，而君王不应信任“任何无利可图的联盟和友谊”。[28]他具有高度的自我批评精神，他将财产公有的耶稣会作为物品使用效率低下的事例：

> 我们太过浪费。我们的袍子是黑色羊毛布做的，所有的供给都是公家的，从最小的到最大的：纸张、墨水到旅费。人类的天性确实如此：供给是公家的就用得多，如果是自己的就用得少。我们的公共开支大得惊人。[29]

巴脱罗梅·德·阿尔伯尔诺兹（Bartolome de Albornòz）指出，即便是神职人员，如果他们的财物是公有的，也会在经济方面搞欺诈活动。但如果物品是属于某个教士的，欺诈活动就不大可能发生，

> 因为如果财物属于某个人，它们就是有主之物，主人为避免损
> 失，会防范欺诈。而在教堂的作坊里，情况就不是这样，因为作坊不
> 是属于某个有其自身利益在其中的个体市民的。俗语说得好：“一 36
> 头驴子属于许多狼，很快就被吃光光。”说的就是这个道理。[30]

阿尔伯尔诺兹进一步报告说，那些负责教堂作坊的人就好像这样一群屠夫，他们杀了奶牛（损失了未来的牛奶、黄油、奶酪和牛犊），就为赚些小钱折本卖掉百来斤肉。他举例说，那些负责作坊的官员声称教堂要一个圣餐杯或圣餐盘，必定命令管家去办。“如果管家老老实实地说作坊没钱或欠了债了，他就会被逐出教会。”[31]

路易·德·莫里纳在《论正义和法》（*De Iustitia et Iure*）一书中用了

许多篇幅为私有财产辩护。他说，如果物品属于公有，就不会得到细致的照管和管理。随之短缺的状况就会出现，人们由此会为了使用和消费物品而彼此争斗。强者必定剥削弱者。没人会关心公益，没人会愿意做更辛苦的工作。[32]莫里纳认为，私有财产在原罪产生之前业已存在，因为在那种状态下，人们会根据公意平分地上的物品。[33]“你不可偷窃”这条诫命本身意味着物品分配没有败坏自然法。[34]晚期经院哲学家都认为私有财产可以用于道德的目的这一点极为重要。“布施应来自私产而非公共财产。”[35]在一个没有私有财产的世界里，慈善、慷慨、好客和豁达的美德是不可能存在的。

这些作者采用基于功利主义的论据不足为奇，尤其是因为他们在进行这番论证前首先论证了物品的分配符合自然法。然而，就晚期经院哲学家而言，外部物品的分配是万民法（*ius gentium*）的事务，万民法所据的原则与自然法所据的有所不同。[36]巴涅斯阐述道，自然法包含了不证自明的原则，由此导引出必然的结论。正如第 2 章中所引用的，巴涅斯举了黄金律及其在私有财产上的应用的例子。从自然法的原则“己所不欲勿施于人”，他推导出“你不可偷盗”的结论。但是，万民法则定义为“法律系统的一个部分，这个系统无论是国际性还是国内性的，都源于在不同民族间盛行的共同习俗”。[37]巴涅斯认为，万民法不涉及自明的原则或由这些原则导引出的必然结论。然而，它对人类社会来说非常方便和有用，以致每个国家都必须认识它。巴涅斯列举了两条有积极意义的人类法（习惯法）：第一，财产分割对人类社会是必须的；第二，财产必须分割。他详细说明这两种观点不是不证自明的。它们是从有用原则出发的。
37 比如，“耕种土地是维持人类生活与公共和平所必需的。”[38]这类格言不是来自黄金律，而是来自对于人的作恶倾向的认识。

> 我们都知道，在公有的情况下，土地不会得到充分的耕种，公共和平将难以维系，于是我们认识到分割财货是方便之途。[39]

莱西奥认为，在沾染了原罪之后，土地分割成私有财产不仅合法而且有助于人类多产。他援引许多圣经段落作为论据。在论及第二点——即财产分割对人类有利——时，他遵循亚里士多德的学说进行论证。他表示，如果没有私有财产，事物不会受到悉心照管，而人与人之间也就不会有和平。莱西奥指出，亚巴郎(Abraham)和罗特(Lot)[9]：土地分割后他们的纷争就平息了(《创世纪》[10]第13章)。[40]

在重复了类似的论证之后，安东尼奥·德·埃斯科巴·依·门多萨(Antonio de Escobar y Mendoza)辩解道，几乎所有人，除了那些最野蛮的之外，都赞同财产分割，因为财物只有在私人手中才能得到更好的照管。[41]

简而言之，晚期经院哲学思想为支持私有财产提供了几个论据：

1. 财产私有有助于确保公正。因为人生来有罪，所以这世上存在邪恶。如果财物公有，恶人、“甚至窃贼和吝啬鬼”[42]将获益最多，因为他们从谷仓里拿走的比放入的要多。相反，善人付出多收益少。最缺德的人掌控的社会是有害的环境，也是自然秩序的扭曲。

2. 财产私有有助于保持人与人之间的和平与和谐。一旦财物公有，纷争不可避免。

3. 产品的私人拥有是富有成效的，因为人类的天性就是对属于自己的东西比对属于大家的东西更关心；因此，中世纪俗语说得好：“一头驴子属于许多狼，很快就被吃光光。”

4. 财产私有便于社会秩序的维持，而且推动自由的社会合作。如果一切公有，人们将拒绝从事不舒适的工作。

5. 无人(甚至包括教士)能超然物外。原罪带来短缺的问题，这也是经济资源问题(即无限需求与有限资源之间的差异)的由来。

---

〔9〕和合本作亚伯兰和罗得。
〔10〕和合本作《创世记》。

38 我们如此爱慕俗世财物，而且我们有如此之多的需求，由此每个人必须拥有自己的财产，不论其多少，总得有一些；同时，每个人都应明白，他得靠这些财产过活，他的邻居也得有自己的财产可用。

分享和分割必不可少，因为这就是我们的弱点和悲哀。这些原则对于那些选择贫穷以期模仿原初纯真状态的宗教人士也必定适用。高阶教士必须分配法衣、书籍、纸张等物品，只有这样，教士们才会爱惜使用，并使其他有需要的人可使用剩余的物品。[43]

地下财产

在讨论私有权问题时，圣托马斯[44]和他的许多学生都提到了地上的财物和地下的财物。他们的分析和结论对当代经济政策的制定很重要，因为 20 世纪许多国家的法律在“地面财产”和“地下财产”上采取不同对待的政策。佩德罗·德·莱德斯马遵循圣安东尼诺的推论，他说，那些永久无主的财物“属于发现它们的人，发现者不能因为留下了它们就被判作是贼”。[45]莱德斯马认为，发现者自然有权拥有这些财物。他同时承认，在许多王国中，法律践踏了这一权利。

这些在某一时段是有物主的物品，比如宝藏，在特定的环境下则属于发现它的人。有时发现者不可保有宝藏，比如，遇到原主人家族知道宝藏藏在哪里的情况，就得如此。米盖尔·萨龙说，环境的性质可以影响所有权问题。一宗宝藏可能在无主或私人地产上发现。它可以是偶然被发现，也可能是靠系统的工作和技能发现的。有的宝藏是被留下或隐藏后来被永久遗忘了的，有的则是特意留在诸如墓葬之中的，在对之进行区分之后，萨龙得出结论说，后者不属于发现者，而应该属于存放着或其后裔。为此，萨龙批评西班牙人侵占阿兹台克（Aztec）和印加（Inca）宝藏，将其视为赤裸裸的抢劫，并宣称这些宝藏应该归还其真正的主人。然而，任何在无主土地埋藏的宝藏天然正当地属于发现者。[46]萨龙明确指出，所有在其私人地产上发现宝藏的人有权拥有这宗宝藏。

对于在别人地产上发现宝藏，中世纪经院学者得出了不同的结论。如果在别人的地产上发现宝藏纯属偶然，萨龙批判定宝藏的一半归地主，另一半给发现者。相反，如果宝藏的发现是花费了艰苦的劳动和努力的结果，则宝藏应全部归属地主。经院哲学家之所以作这样的判令，乃是基于这样的事实：如果某人在别人的地产上投入人力物力寻找宝 39
藏，则可以假定此人知道宝藏的存在。作为对掩盖消息和试图欺骗的惩罚，全部宝藏应归属地主。如果有证据表明发现者事先确不知晓有宝藏，其投资是出于别的目的，那么所有权的判令将作适当调整。[47]

大部分托马斯主义著作家易于判明，如果某人买了一块地，地里埋有宝藏，那么此人就是宝藏的主人，即便卖主事先并不知晓地里有宝藏。他们主要的圣经依据是《玛窦福音》第 13 章 44 节："天国好像是藏在地里的宝贝；人找到了，就把它藏起来。高兴地去卖掉他所有的一切，买了那块地。"米盖尔·萨龙和佩德罗·德·莱德斯马运用了这一论据。

如果自然法说一宗宝藏属于发现者，无论整体（当宝藏是在自己或无主的地产上发现的）或部分，则可以合乎逻辑地得出这样的结论：地面之下自然形成的任何物品理所当然地属于这块地面的主人。经院哲学家援引了金属和矿藏的例子，尤其是金、银。萨龙明确地表明，"一般矿藏和金银矿，以及其他任何自然状态的金属，属于土地的拥有者，是他的收益"。[48]一个多世纪后，晚期经院哲学家 P. 加布里埃尔·安托万（P. Gabriel Antoine, 1678－1743）断定：

> 石头、煤、黏土、沙、铁矿、铅这些在地里发现的东西，属于土地的主人。实际上，它们是土地的一部分，因为土地不仅包括地面，而且也通向地心的全部纵深，也正是在那里我们可以发现这些产物。金属矿藏的情况也可以这么说。[49]

有必要记住，土地的矿藏是自然形成的。而按照定义，宝藏则是人类有目的、特意地埋藏在地里的。晚期经院著作家承认发现者和原始拥有者的权利。一旦埋藏的宝藏的私人所有权原则得到接受，那么自然资源的私人所有权就易于得到承认。

那些对圣托马斯进行评论的神学家通常都会作出这些判断。事实上，他们赞同地面产出的私人拥有，并不妨碍他们承认通过正式立法，政府（在他们那个时代，就是国王）可以占有部分源于“地下财产”开发的利润。他们的确特别指出不同王国之间在处理这个问题上的差异。其中一些人辩称，金属产品通常的国王分成比例为五分之一，另一些人则指出在卡斯蒂利亚（Castille），这个比例是 66.7%（三分之二）。这项税经常
40 是在“费用扣除”（*deductis expensis*）后征收，也就是说，是在扣除了发现、萃取和开发的费用之后征收。[50]

晚期经院哲学家也以同样的方式调整农产品的税收，他们也主张对地下产品征税。对于他们而言，税代表着对私人财产使用和范围的某种限制。[51]政府保护所有财产，维护和平、和谐、秩序和发展，因而它应占有这些财产的一部分。不幸的是，经院学者们发现，王国的法律经常忽视自然法的教诲。在宣称“根据自然法，矿藏属于其所在地的主人”[52]之后，佩德罗·德·莱德斯马补充道：

> [在西班牙]法律规定金属和金属器具商的利润属于国王……另外一些法律规定，如无国王颁发的执照或特许，任何人不得萃取和占有金属。[53]

后来西班牙殖民体系又将这些规定输入许多拉丁美洲国家。

希尔维斯特·德·普里埃罗（Sylvestre de Priero）是对西班牙经院哲学影响巨大的著作家之一，他辩称，将所有他人发现的宝藏，即便是在私人领地上的宝藏，都判给君王的法律，是对自然法和习惯法的篡改和违背。希尔维斯特批评帕鲁达诺（Paludano）的意见，后者认为，根据传统，不

管在哪里发现的宝藏，都属于君王。多明戈·德·索托指出，该传统

> 任何有序的社会都不会采纳……而且，如果在任何地方颁布，就是通过暴力，以及对自然法和民法的违背。[54]

在德·索托看来，任何在无主地块之下发现黄金或其他金属矿藏的人享有这些矿藏的所有权。为此，君王要求从发现者那里取得一定比例的报偿是不公平的。德·索托认为唯一的例外就是重大公共事件的需求，但即便如此他也认为并非充足理由。对于金属，多明戈·德·索托接受20%的税，或者称为“金属五分之一”的税。[55]

财产的所有权和使用

弗朗西斯科·德·维多里亚援引康拉杜斯·苏门哈特，将“占有”(*dominium*)定义为根据合理制定的法律使用某物的能力。人们可以使用某些不属于他们的东西。在这个意义上，占有和使用是不同的。某人 41 只要完整占有某物，他想怎么用就怎么用，甚至损毁该物。正如维拉罗伯斯指出的那样，“占有与事物的本质有关；因此，拥有者可以售卖、改变，乃至损毁，只要他愿意”。[56]使用是指利用事物的能力而不管它属于谁，就像某人使用邻居的马或衣服。德·索托指明，占有的目的是使用事物。事实上，晚期经院哲学家辩称，物品私有比公有会得到更好的使用。当经院哲学家说事物得到更好使用时，他们所指的是社会、政治、经济方面，以及首先是道德方面的使用。

迭哥·德·科瓦卢比阿斯·依·勒维阿(Diego de Covarrubias y Levia)宣称，在某地块上生长或出产的任何产品都应属于该地块的主人。这也适用于对社会非常有用的产品，以及自然造就而土地所有者并未付出劳动和技术的产品。[57]科瓦卢比阿斯认为，不可由于树上产出的是高价值、大价钱的药用水果，于是就下结论说，其主人就无权阻止他人使用他

的果子。[58]而且，土地拥有者有权在自己的土地上调整或缩减现有植物的种植。科瓦卢比阿斯觉得，没有什么可以决定私人地产上的植物和药草属于公共财产。

在对财产的使用方面，占有权的迁移是经济学研究的基本方面。事实上，交换就是占有权的转移。多明戈·德·索托承认，“没有什么能比让某人按其愿望转移其物品的占有权(所有权)更符合自然正义的了”。[59]“任何人都拥有以其想要的方式捐献或转移其合法占有的物品的自然权利。”德·索托补充道，一个人可以成为财产拥有者是因为他有自由意志，凭借相同的自由意志，他可以将自己的占有权让渡给任何人。[60]

由于万物是为人类而创造，人就可按喜好使用它们。而且，对某物的所有权包含以任何不违法的方式使用该物的权能，比如以任何方式捐献、让渡、出售或消费。然而，尽管有这样的自然权利，德·索托还是宣称，法律可以约束拥有者的愿望，甚至可以违背其意志剥夺其物品。虽然人是社会的动物，并由此享有生活在社会中的种种利益，但团体需要权威，而公共权威的主要作用就是保卫公众和执法。首先，为履行其职责，权威必须监督青少年使用其物品直至其成年。其次，德·索托宣称，某些物品必须用以支持权威(以税收方式)。再次，权威有责任惩罚犯罪。惩罚的一种形式就是剥夺罪犯的部分财产。对使用的另外一些约束针对的是教会物品的使用。

说所有权不就是对某物的使用权，并不意味着这样的结论，即物品的占有权应该私有，而使用权则应公有。这与晚期经院哲学家指出财产
42 私有的立场相抵触。中世纪经院学者支持财产私有，因为他们认为只有这样它们才会用得更好，从而对全人类的幸福作出更多的贡献。[61]

极端需求

在其对经院学者的私有财产理论的分析中，贝德·雅瑞特神父(Father Bede Jarrett)总结道，对于这些学者而言，“财产权是一项绝对的

权利，任何环境下都不会失效。即便在必须的情况下，当个体的财产或可被依法剥夺——以他人饥饿或公益的名义——之时，所有者对财产的权利依旧存在并延续。该权利本身是不可侵犯的，即便权利的行使已被剥夺”。[62]

许多经典自由主义著作家认为，极端需求原则是摧毁私有财产大坝的裂缝。如果接受这一原则，集体主义的洪流将无法控制。相反，在经院哲学家看来，极端需求是一种例外，它巩固了这条法则，即私有财产与人类天性相符，它促进且有助于保护生活和人类的自由。

如同处理其他论题一样，经院哲学家在分析极端需求和私有财产问题时仍然以阿奎那的著作为依据。圣托马斯指出：

> 可是，由于处于穷困中需要帮助的人非常之多，不可能都靠同一种物事来救助，每个人都忙于管理自己的事情，于是只有从自己的事务中脱身，才有可能帮助那些有困难的人。
>
> 然而，如果需求非常明显而紧急，以致显然必须利用手边一切可能手段加以救助（比如，某人陷于迫在眉睫的危险之中，而又无其他可能的救助手段），那么法律将允许此人以公开或秘密的方式使用他人财产救助自己脱险，这样的行为确切地说不算偷盗和抢劫。[63]

圣托马斯强调，我们面临着一个经济难题：一边是大量处于穷困中人们需要帮助；另一边我们缺乏足够的手段满足这一需求。人们必须选择谁可以得到救助，而且这得由财产所有者自由决定。阿奎那继续评论道：

> 确切地说，在极端需求情况下偷偷拿走和使用别人的财产不算偷盗，因为他拿来用以维持其生命的物品，由于这般紧急需求的原

因，而成为他的财产了。[64]

人们也可以用其他人的财产帮助处于极端需求状态中的邻人。这就是说，只有在没有其他方法避免某人死亡的情况下，取用不属于自己
43 的东西去帮助他，才是正当的。如果一架小型飞机坠毁在丛林种植园中，一些受伤的旅客无法摘取维生的水果，根据托马斯主义的观点，一个人摘取水果帮助那些需要的人，这一摘取行为是正当的。[65]

几乎所有针对圣托马斯的评论都得出了相同的结论。多明戈·德·巴涅斯——圣德肋撒(Saint Theresa)的笃信者——首先阐述经院哲学家通常持有的财产占有与使用存在差别的观点，采用了方济会会士只是使用而不占有物品的事例。由于方济会会士誓言守贫，罗马教皇就是这些财物的合法占有者。巴涅斯正确地察觉到，一旦物品的使用性消失(消费品)，就无法区分使用和占用了，由此，很明显，耐用品就可以区分使用和占有权。[66]

巴涅斯解释道，在一人或多人遭遇极端需求的境况时，用以缓解其困境的消费品，是使用权而非所有权变成公共的了(*non sunt communia quantum ad dominium*)[67]。在消费品问题上，如果无法区分使用和占有，那该怎么办？这个矛盾看起来只有一个解决办法，即某人在使用了他人物品的同时，也就欠了原主人同价值的债。

西班牙经院哲学之"父"弗朗西斯科·德·维多里亚强调，严重的事态不足以证成征用行为，但在另一方面，"人们应当考虑极端需求的境况——当某人奄奄一息时，还有当某人受伤或因缺乏营养而离死不远时"。[68]这一论证运用了亚里士多德—托马斯主义的哲学：身处生死存亡之地，行动切不可犹疑。让我们回到小型飞机失事事件。我们可以假设飞机撞毁在一处巨大的私人地产中心的偏远小丘上。从山丘上，幸存者看不到任何人类生活的迹象，但可以清楚地发现不少果树。在此境况中，即便死亡威胁并非迫在眉睫，人们摘取水果以避免未来的极端伤害，

似乎是合乎逻辑的。其中的关键性论据仍然是极端需求。在某些情况中，极端需求是即刻发生的；而在另一些情况中，它是即将来临的，在其他情况下，它仅仅是可能的。

可以理解，富人有责任给予穷人急需而其自身无法弄到的东西，因为这是慈善的责任，但不是正义所要求的责任，并且，穷人不能对这些情况作出判断："不能假定某个穷人会认识到有比他更需要帮助的人；穷人也不能断定富人的物品是富余的，因为他可能有许多孩子。"[69]

绝大部分私有财产权利的现代极端捍卫者至此可能还会同意维多里亚的观点。但要让他们接受维多里亚所描述的可以偷盗富人财产的境况恐怕就困难得多了：

> 我们看够了穷人在床上辗转，饱受疾病的折磨，或者长期忍饥 44
> 挨饿以致到了如无救助，就将迈入死亡门槛之事。于是，如果出现极端需求的状况，只要不干丑事，抢劫富人是正当的。如果已婚男人无法喂养他的孩子，也没有床铺可供休息，并且由于没有得到适当治疗，他们已接近死亡，这样，只要不干丑事，拿取富人的东西是正当的。[70]

马丁·德·阿兹皮尔库埃塔，"纳瓦鲁博士"，在其著名的《忏悔和沉思手册》（萨拉门卡，1556年）中也分析了极端需求的问题，而他的结论则更尊重私有财产：

> 没有人有义务捐献物品给有极端需求的人，他只要将那个人之所需借给其使之脱困即可；且这个有需求者亦无权取用邻人的财物比其主人还多，并且，如有需要，需求者应视所获之物为一宗贷款而非己之所有。[71]

没有足够的证据表明：任何“极端需求情况可以使需求者完全成为邻人财物的主人；他们只有权利使用这些财物以脱困……极端需求本身不可使某人成为邻人财物的主人而免于归还的责任”。比如，我们宣称，某人深陷困境，受了伤，或者精疲力竭地迷失在热带雨林中，无需主人同意即可摘采水果果腹。如果此后他遇见了主人，而后者要求补偿，此人应当在条件允许的情况下尽快作出补偿。无疑，告而借比不告而借更符合道德，但这两者都比偷要好。

我们这些认为私有财产非常重要的人，会同意阿兹皮尔库埃塔的这一说法，“在极端需求状况下拿取他人物品者，有义务一旦有机会就应作出补偿：不管他是否在他处有无财物，也不管他是否用完了这些财物，他都必须自主地补偿”。[72]

多明戈·德·索托的分析更为复杂，他说当某人“处于极端需求状况时，他可以取用邻人的面包但不能出售它；为此，这只是使用权而非所有权的转移。然而，如果某人没有面包可吃，他可以用其他东西来换取面包(?)”。德·索托将责任的重担压在那些不帮助处于极端需求中的邻人的人身上：“那些不帮助处于如此境遇之邻人者，将被迫作出补偿。因为，如果不尽义务将自己的财物转移给他人，他就相当于占有了他人的物品。”但是，这是慈善的义务而非公义的义务。[73]胡安·德·卢果(Juan de Lugo, 1583－166)在其著作《论公义与法》(*De Iustitia et Iure*)中详细论述了这个问题：

45 在此问题上，我认为必须在某种程度上区别对待，对两方都有所让步。于是，我说极端需求给予穷人取用邻人物品的权利，并且进而根据下文解释的需求程度获得占有该物品或其使用的权利；尽管如此，物品的主人在公义上并无义务，只有慈善的义务；但是，在穷人行使其权利并得到物品之后，主人出于公义(*ex justicia*)必不可阻止其使用，或将其夺回。[74]

当严重的状况看起来不可避免地将演变为极端需求状况时，“穷人可以取他人的物品为己之用，至少是就那些贫困状态下通常需要使用的、而非那些精致或非常之物品而言”。这一理论只适用于对生命甚或自由产生迫在眉睫的危险，而非某人只是在冒丧失财物之危险的时候。卢果继续说道：

> 如果某人为逃避敌人追踪，害怕被抓而丧失自由，因而需要邻人的马匹，在此状况下，不允许他未经主人同意而使用马匹似乎过于残忍而不可思议，即便他或许以后无法归还或作出等价补偿。在类似必需要用马匹以逃避那种对其损害决不小于被抓的严重恶行（比如抢劫）的状况下，也是如此。出于同样理由，对于会造成永久伤害或类似罪恶的状况，也是如此。[75]

上帝创造了可见的货物，于是人类使用它们为生；货物的分割绝不能废止物质产品的这一基本用途。在某种意义上，生命权和自由权高于财产权。这些权利演化为对生命和自由的保护。在这些权利看起来受到否弃的极端状况下，生命和自由应该得到优先对待。出于这个原因，我们可以摘采邻人的水果，或骑上他的马逃逸。得益于这些物品的人不必补偿，这表明在这样的事件中易手的只是使用权而非占有权。

我理解“古典自由主义”知识分子对这个理论的关注，但那些担心接受对私有财产的这种限制将使建立在私有财产基础上的社会大厦毁塌的人，则应该好好地看看历史。经院哲学的私有财产理论推动了对个人自由的尊重。对人类私有财产保护的令人惊恐的退化，源自社会主义和国家社会主义的极权主义观念的巨大冲击。私有财产的敌人不会采用经院哲学式决疑论的思路。如同白蚁，他们渗透到基础部分，削弱文明的基础柱石：人类个体的自由。正是将人类自由生活的权利置于至高无上的地位，经院哲学家才会在遭遇那些导致无辜者死亡或遭到奴役的环境时限制财产的权利。

经院哲学思想和环境[1]

经院哲学著作家对于生态问题着墨不多。经济发展与环境之间的紧张关系只是在快速成长期或贫穷状况高发时才具有重要性。那些生活在工业活跃的城市中的人们，比如圣安东尼诺，他身处佛罗伦萨纺织业带来的经济繁荣时期的社会环境，或许也遭遇着与今天类似的那些困境。比如，染料造成的废水导致对自然、土壤和水质的影响。

但是，经济活动和人口在那个时代还不足以污染流经这个美丽城市的亚诺河(the Arno River)。生活在西班牙塔霍河(the Tagus)或罗马台伯河边的道德家，其周边环境状况也大致如此。肯定有人将垃圾或脏水倒入塔霍河，但河流依然清澈。这同20世纪后期那些泛着泡沫、散发着臭气、流淌着毒水的河流及其环境是大异其趣的。

他们讨论的议题是公共牧场。他们指出，相比那些私人牧场，公共牧场通常维护得很差。但在土地日益干旱问题上，他们对人类行为或法律框架的批评更多的是基于这一问题对人类而非土地本身的伤害的基础上的。这对他们来说是再自然不过的事情，因为他们对人类在造物中的地位和自然中的角色持类似看法。

这些道德哲学家和法学家对人类和造物的看法，是以圣经的段落，尤其是《创世纪》(1:26－31)为依据的：

> 天主说："让我们照我们的肖像，按我们的模样造人，叫他管理海中的鱼、天上的飞鸟、牲畜、各种野兽、在地上爬行的各种爬虫。"天主于是照自己的肖像造了人，就是照天主的肖像造了人：造了一

[1] 本书中译本所据原文版本为第二版，而作者在第二版基础上又增加了内容，这些内容在西方尚未正式出版，但作者有意在中译本中先行展示。故以下至第四章之前的正文及附带注释，均非第二版所有，为作者新增。

男一女。天主降福他们说："你们要生育繁殖，充满大地，治理大地。管理海中的鱼、天空的飞鸟、各种在地上爬行的生物！"天主又说："看，全地面上结种子的各种蔬菜，在果内含有种子的各种果树，我都给你们作食物；至于地上的各种野兽，天空中的各种飞鸟，在地上爬行有生魂的各种动物，我把一切青草给它们作食物。"事就这样成了。天主看了他造的一切，认为样样都很好。

圣安东尼诺写道："于是天主这样创造人的本性，让他管理一切，天主说：'管理天空的飞鸟、海中的鱼和地上的各种野兽。'"[76]这不仅仅是指土地和动物，它还宣称人类能够主宰天空和星辰，就像我们先前看到他是如何论述土地之下的所有权的：所有通向地心的。

正如维多里亚指出，天主"将所有其所造的物品和生物给了所有人，即将一切的主宰权给了人类"。人除了可以拥有一切生物，他还"拥有天空和日月，可以使用它们，因为天空也是造给人类的"。[77]

在人类诞生之初，不同的人和社会团体，对人与其他造物——有生命或无生命的——之间关系的重要性，就有着非常不同的看法。基督教伦理家致力于去除这些神话，在许多时候甘冒生命危险也要做。或许在此最具说明作用的当推圣伯尼法斯(St. Boniface，约672－754)。圣伯尼法斯是本笃会修士，经院哲学的先驱。他帮助基督教在欧洲奠定——或许仅此而已。[78]

尽管圣伯尼法斯生于今天的英格兰(温弗里德[Winfrid或Wynfrid])，但他通常被称为美因茨的圣伯尼法斯，同时也是德国的主保圣人之一。正是在那里，他完成了他绝大部分的使徒工作。在其众多的引导异教徒改宗基督教的工作中，有一件事特别值得记取。伯尼法斯砍倒了一棵当地文化奉为神圣的树。此事已过去许多世纪，这一行为此刻引发的更多的是惊讶而非惊恐。这种行为在今天看来是过激的，甚至是犯罪。

他的事迹在欧洲家喻户晓。在下黑森(lower Hessia,今天德国中部的一个地区)劳作的时候(723－725),他了解到当地的人们崇拜一棵高大的老橡树。这棵橡树在盖斯马(Geismar),弗里茨拉尔修道院(Fritzlar Abbey)的西面,被"神圣化"为雷神托尔(Thor,按照某些说法,就是朱庇特)。

伯尼法斯用一把大斧子砍倒了这棵树,对此事的许多记载都提到这一行为取得了丰厚的成果。一大帮异教徒由此发现他们的神是假的,转而改宗基督教。他用砍倒的树建了一个小教堂敬奉给圣伯多禄。据说,橡树呈四段倒下,呈十字架的形状。又据说,被砍倒的树所在的乱石堆上长出了云杉。受此启发,圣伯尼法斯开始将这棵树作为圣诞节的象征。

或许我们无法断定这些人为何要崇拜那棵橡树,认为它是神。其他部落肯定会崇拜山丘和其他地形上的褶皱。只要不有害于人,天主教道德家就不会反对任何影响自然的经济活动。采矿活动——尤其是发生在美洲的——多有可诟病之处。但他们从不担心金属萃取有何危害,只要它没有对工人造成不公平的伤害。

在质疑和担忧人类活动是否会伤害天地万物这个问题上,可以想象,晚期经院哲学家会采用他们曾经用于决定何种土地占有体系将导致更多损耗的方法论。他们首先将在圣经里找说法。然后,他们会用理性和对人类本性的看法来分析赞同或反对的依据,并试图以经验分析来确证答案。

另一种促使教士们行动的情况是城市空气的污染。烟雾笼罩英国首都达几个世纪。中世纪时期,空气污染导致爱德华一世国王禁止将煤作为燃料。爱德华 1272 年登基,死于 1307 年。罗马人把煤称为"不列颠最好的石头",甚至用它做珠宝。煤储量丰富,有时在海边就可发现,于是有人称其为"海煤"。

17 世纪,由于木材严重缺乏,煤就成了首要燃料。埃莉诺皇后

(Queen Eleanor)——亨利国王的母亲——因燃煤污染而致病，不得不离开诺丁汉城堡去养病。或许这影响了亨利，他决定禁止燃烧煤，并对违反者处死刑。一群富人和教士领导了一场请愿，要求强制执行禁令。但经济诱因比禁令更强，所有英国大城市，尤其是伦敦，继续面临着生态问题。1661 年，英国作家、皇家学会的创始人约翰·伊夫林(John Evelyn)在其著作《烟雾缭绕》(*Fumifugium*)中建议，有必要用木材替换煤作燃料，以减轻伦敦的污染问题。在此中，如同在许多其他作者那里看到的那样，我们发现人们关心的是对人类而非"自然"的影响(即选择使用木材还是煤等不可再生物不是讨论的问题)。

没有一位伟大的宗教人物或经院哲学巨匠，即便像阿西西的圣方济各(St. Francis of Assisi)这样的人物，因其亲近自然、与自然交融、谴责狩猎或畜牧——即便是出于乐趣，而为今人所纪念。1567 年教皇庇护五世(Pius V)谴责斗牛。不久以后，教会便改变了立场。教皇格里高利十三世(Gregory XIII, 1502 - 1585)收回成命，只是谴责那些积极参与的教士。[79]

胡安·德·马里亚纳在其反对公共比赛的论文中讨论了斗牛问题。马里亚纳列举了赞成和反对的意见："善良而质朴的人反对，视其为恶习的诱导，但许多人则出于更为精明的目的支持，视之为娱乐人民的手段，类似运动很容易让人民快活。并且，说这话的人越来越多，随后，就像经常发生的那样，那些支持恶行的人，在票决中压倒了那些支持善行的人。"[80]

马里亚纳指出，胡安·德·梅迪纳、巴托罗梅·德·梅迪纳(Bartolomé de Medina)，以及——有些出乎意料——马丁·德·阿兹皮尔库埃塔(纳瓦鲁博士)都认为举办赛跑运动合理。就马里亚纳的观点而言，唯一清楚的是"斗牛不是宗教事务"。[81] 马里亚纳是无比真诚而坦率的，他说："一个人不能抵制他羞于坦白的事情真是件痛苦的事，而任何一件荒谬的事都会有一个神学家为之辩护，则是对我们职业的极大侮辱。”[82]

教皇庇护五世的禁令，并非批评斗牛是践踏“动物的权利”，而是担忧由此引发的丑事，因为它们会使“人民的风习遭到严重损坏”。

1586年4月14日，教宗在其明诏中指出：“一些萨拉曼卡大学的神圣神学和民法教授不仅毫无羞耻地出席这些斗牛聚会和表演，而且还在其课堂上大肆公开宣扬，神职人员对抗禁令出席这些聚会和表演，并不犯罪，是合法的。”[83]

胡安·德·马里亚纳在讨论土地管理和耕种问题时，提出特有的独立见解。对于君王或人民派遣地方官到田间和农庄巡查土地是否得到细心料理的做法，他青眼有加，备加欢迎。奖勤罚懒是应该的。但他提出这些建议并非出于生态学立场，而是为了增加食物产出。他的另一项建议——改变村议会的领导地位——将有利于改善当地环境：

> 这些村议会，运行靡费成本费用，可以用以开垦那些不毛之地，收获丰富的果实；一旦这些费用被花掉，即使抛开少雨这件让西班牙遭了大罪的坏事，由于缺乏柴禾，并且许多地方山丘崎岖难垦，经历短缺和高价，将非常困难。[84]

他建议多种松树和橡树，因为可以多产木头用作燃料，以及用以建筑的木材。所有这一切对改善西班牙的环境也有益处：

> 如果在一切可能的地方，我们都利用河流建设灌溉系统，将旱地变为水田，我们将不仅能产出丰富的稻谷，而且可以通过改造自然干旱的气候，使我们的国家兴旺，气候更温和。因为水田的增加，将使水汽蒸发量增大，形成更多的云，从而使降水更频繁、丰沛。[85]

注释:

1. 锡耶纳的圣贝纳尔所说的故事,见 Sermon XXVII of "*De Amore Irratio*," 46
Opera Omnia(Venice, 1591)。
2. 此处所据圣经版本为《耶路撒冷圣经》(*Jerusalem Bible*)。
3. 圣托马斯·阿奎那写道:"我们所讨论的那个富人的可指摘处在于,他认为那些身外之物完全是属于他的,不是首先从另一位——即天主——手里得来的。" *Summa Theologica*(London: Blackfriars, 1975), II-II, q. 66, art. 1, resp. 2.
4. 绝大部分晚期经院哲学家引用这些相同的段落。Henrique de Villalobos, for example, wrote: "*Y no obsta contra la conclusion lo que dixo Christo*: *q.* Nisi quis renunciaverit omnibus qui possidet, non potest meus esse discipulus: *porque en el mismo capitulo tambien dize*: Si quis venit ad me, et non odit patrem, et matrem et c. *Y es llano*, *que no tiene obligacion el hombre de aborrecer a su padre*, *y madre*, *pues ay precepto de lo contrario. Y assi el sentido destos dos lugares*, *es que se deven dexar estas cosas*, *quando fuere estorvo para la vida eterna*," *Summa de la Theologia Moral y Canonica*(Barcelona, 1632),140. 佩德罗·德·阿拉贡说,基督的这些话不该当作诫命而应作为劝告,那些拥有财富的人也可以永生。*De Iustitia et Iure*(Lyon, 1596),109. 在讨论了类似主题之后,多明戈·德·巴涅兹宣称,基督谴责的是"扭曲而过度的爱"(*amore pravo et inordinato*), *De Iustitia et Iure Decisiones*(Salamanca, 1594),131。
5. Miguel Salón, *Commentariorum in Disputationem de Iustitia Quam Habet D. Tho. Secunda Sectione Secundae Partis Suae Summa Theologicae*(Valencia, 1591),389.
6. 胡安·德·梅迪纳针对该论题非常清晰地表明,要获得拯救,一个人必须放弃的是对财产的眷恋而不是所有权(*renunciatione rerum quoad affectum*, *et mentis preparationem*, *non quoad effectum*)。*De Contractibus*(Salamanca, 1550),2.
7. 圣托马斯·阿奎那在其 *Summa*, II-II, q. 66, art. 2 中引用圣奥古斯丁的话:"奥古斯丁说:'标榜为"使徒的"人就是傲慢地宣称该头衔只属于他们自己的那些人,因为他们基于以天主教会僧侣和教士为模范的立场,拒绝承认已婚民众和拥有财产的人是与他们一样的人。'(*De Haeresibus*, 40)但是这些人是异教徒,他们宣称已婚的和拥有财产的人不能像他们一样获得拯救,由此他们也就自绝于教会。"
8. Leonardo Lessio, *De Iustitia et Iure*(Antwerp, 1626),41: The Latin text reads: "*Post peccatum haec dominiorum divisio non solum fuit licita*, *sed*

etiam salutaris generi humano. Quod licita fuerit, est certo tenendum. Nam ex multis Scipturae locis constat, licite aliquid tamquam proprium possideri: *contrarium est heresis quorumdam, qui vocat sunt Apostolici, ut refert D.*
47 *Aug. haeresi* 40. *et Epiphanius haeresi* 61. *qui asserebant hominem non posse salvari, nisi vineret instar Apostolorum, nudus ab omni divitiarum proprietate.*"

9. Salón, *Commentariorum*, 389; the text in Latin reads: "*Haec est de fide. Ita. D. Aug. locis citatis, maxime lib. de haeresibus cap.* 40. *ubi illos haereticos Apostolicos hoc nomine vocat haereticos, quia contra fidem et doctrinam Ecclesie Catholica et Apostolorum damnarent rerum divisionem, et propria ac privata dominia, quae fideles habent in suas res.*"
10. Medina, *De Contractibus*, 140; the Spanish text reads: "*Y en el testamento nuevo, aunque los Apostoles tenian algo, no se los mando Chnsto dexar. Y no es esto contrario al derecho natural, por el qual las cosas son comunes, que esto se ha de entender, que no estan divididas de derecho natural.*"
11. Aragón, *De Iustitia*, 110 - 11; the Latin text reads: "*Hoc supposito dico, quod quanuis simpliciter et per se loquendo, melius sit in communi vivere, quam res privatum possidere; imo religiosis, aliis, qui Deo vacare volunt melius est sic vivire, quam alio modo: tamen universo genen humano melio est possessio rerum in particulari, propter rationes iam dictas. Unde ad argumentum respondetur concessa maiori, atq; minori, negando consequentiam, si loquamur de convenientia respectu totius generis humani.*"
12. Medina, *De Contractibus*, 2; Aragón, *De Iustitia*, 111.
13. "*Divitie si affluant, nolite cor apponere.*" Medina, ibid.
14. "*Benedictio Dei facit divites.*" Henrique de Villalobos, *Summa de la Theologia Moral y Canonica* (Barcelona, 1632),140.
15. 德·索托和许多经院哲学著作家的分析可以视作托马斯主义理论的发展。圣托马斯·阿奎那也是从亚里士多德的观点出发,他写道,私有财产之所以是人类生活所必需的,有三个原因:"第一,一个人单独负责一件事情会比大家共同或多人负责这件事情时更尽心尽力,因为在后一种情况中,有很多公职人员参与时,每个人都会逃避工作,推诿责任。第二,人类的事务只有在每个人各尽其责时才会井然有序;如果万事万人管则将乱成一锅粥。第三,人人因其工作(原文如此)而满足(*re sua contentus est*)时人们安然相处。事实上,我们看到,争吵往往发生在那些无差别地共同管理着某些事务的人中间。"(*Inter eos qui communiter et ex indiviso aliquid possident frequentius jurgia oriuntur.*)很有必要指出,在这个版本中,*re sua contentus est* 被翻译为“人人因其工作而满足”。更准确的翻译应该是“人人因他自己的东西而满足”。在这段文字中，圣托马斯阐明，满足可以源自私有财产的所有权。*Summa*, II-II, q. 66, art. 2, resp。

16. Domingo de Soto, *De Iustitia et Iure* (Madrid: IEP, 1968), bk. 4, q. 3, fol. 105 - 6.
17. Ibid.
18. Ibid. 多明戈·德·索托这里所说的，是指诸如柏拉图乃至亚里士多德等赞成 48
某种形式公有财产权的哲学家。
19. Ibid.
20. Ibid.
21. Ibid.
22. Tomas de Mercado, *Summa de Tratos y Contratos* (Seville, 157l), bk. 2, chap. 2, fol. 18 - 19. [黑体为笔者所加]
23. Ibid. , fol. 19.
24. Ibid.
25. Juan de Mariana, *Del Rey y de la Institucion Real*, in *Biblioteca de Autores Españoles*, Rivadeneyra, vol. 31 (Madrid: Editions Atlas, 1950), 559.
26. Ibid. , 560.
27. Ibid.
28. Ibid. , 567.
29. Mariana, *Discurso de las Cosas de la Compañia*, in *Biblioteca de Autores Espa? oles*, vol. 31, 604; in Spanish it reads, “*Se gasta lo gue no se puede creer.*”
30. Bartolome de Albornóz, *Arte de los Contratos* (Valencia, 1573), 75.
31. Ibid. 他们不买最便宜的而是买最贵的。
32. Luis de Molina, *De Iustitia et Iure* (Moguntiae, 1614), De Dominio, cols. 100 - 101.
33. The paragraph in Latin reads: “*Quod arbitror verum esse non solum in statu naturae lapse, sel etiam in statu naturae integrae potuissent namque homines in illo statu de comuni consensu dividere inter se et apropiare absque cuiusquam iniura res omnib. A deo concessas non secus ac in statu naturae lapsae iustissimis de causis effectum est.*” Ibid.
34. “*Imo praeceptum de non furando supponit rerum divisionem. Ergo rerum divisio non est contrarius naturale (alio quin ipso jure esset nulla) Quin potius approbata est in scripturis sacra.*” Ibid. , 102.
35. Francisco de Vitoria, *De Iustitia*, ed. Beltran de Heredia (Madrid:

Publicaciones de la Asociacion Francisco de Vitoria, 1934), 11 - 11, q. 66, art. 2, 324.

36. Soto, *De Iustitia*, bk. 4, q. 111, fol. 105.

37. *New Catholic Encyclopedia*, s. v. "Ius Gentium," by J. C. H. Wu, vol. 7, 774. 该作者写道:"万民法是有积极意义的习惯法,比任何特定的民事法更接近自然法的精神,因此万民法可视作自然法的载体。" Ibid.

38. Bañez, *De Iustitia et Iure Decisiones*, q. 57, fol. 12.

39. Ibid.

40. Lessio, *De Iustitia et Iure*, chap. 5, dub. 11, 41 - 42.

41. Antonio de Escobar y Mendoza, *Universae Theologiae Moralis*, Tomi Quinti pars prima, Iustitia et Iure (Lyon, 1662), chap. 3, 4.

42. Vitoria, *De Iustitia*, 325.

49 43. Mercado, *Summa*, fol. 18.

44. Aquinas, *Summa*, II-II, q. 66, art. 5, resp. 2.

45. Pedro de Ledesma, *Summa* (Antwerp, 1614), Tratado VIII, Justicia Conmutativa, 443.

46. "*Si inveniatur in loco, qui ad nullius particulare dominum pertineat, totus est inventoris*," Salón, *Commentariorum*, col. 1298.

47. "*Punire audaciam ac temeritatem eius qui sine licentia domini voluit laborare, et exercere suam industriam in agro alieno.*" Ibid.

48. "*Mineralia et venae auri, argenti et cuiusque metalli stando in iure naturae sunt domini fundi et in bonis ipsius.*" Ibid., col. 1307.

49. P. Gabriel Antoine, *Theologia Moralis Universa* (Cracovia, 1774), 369.

50. Molina, *De Iustitia*, bk. 1, disp. 54, col. 242.

51. Soto, *De Iustitia*, bk. 4, q. 5, fol. 110.

52. Ledesma, *Summa*, Tratado 8, de *Justicia Conmutativa*, 443.

53. Ibid., 454.

54. Soto, *De Iustitia*, bk. 5, q. 111, fol. 151.

55. Ibid.

56. Villalobos, *Summa*, 126.

57. "*Quicquid nascitur in agro privato, etiam absque labore et industria domini, ad ipsum omnium pertinet.*" Diego de Covarrubias y Levia, *Opera Omnia*, (Salamanca, 1577), chap. 37, 274.

58. Ibid., 276.

59. Soto, *De Iustitia*, bk. 4, q. 5, fol. 110.

60. "*Si ergo per voluntatem constituitur dominus, per eandem potest dominium*

ab se quodcunque abdicare." Ibid.

61. 参阅 Raymond De Roover 的研究，*San Bernardino of Siena and Sant' Antonino of Florence*：*The Two Great Economic Thinkers of the Middle Ages* (Cambridge, Mass.: Kress Library, 1967), 8-9。

62. Bede Jarrett, O. P., *Social Theories of the Middle Ages*: 1200-1500 (Westminster, Md.: Newman Book Shop, 1942).

63. Saint Thomas Aquinas, *Summa Theologica*, II-II, q. 66, art. 7.

64. Ibid., 2-2, q. 66, Reply to Objection 2.

65. 迭哥·德·科瓦卢比阿斯得出了相似的结论。Extreme need occurs when "*quando imminet vitae periculum, cui aliter quam per hanc acceptionem subveniri non potest.*" Only in such cases one can "*comedere uvas in vinea alterius,*" (eat grapes from the vineyards of others), *Opera omnia*, Salamanca, 1577.

66. "*Ubi contendit dominium et usum res esse distinctas, ac proinde quod fratres minoris Divis Francisci (ait) habent verum usum rerum, non tamen dominium: sed dominium illarum rerum, quibus utuntur, residere apud summum Pontificem, etiam usu consumptibilium, ut potabilium. Ussus non distingitur a dominio.*" In second place, "*usus rerum, quae usu proprio consumptibles sunt, et vero usu extraneo non consumuntur.*" In third place, "*usus proprius in habitu, qui dicitur usu iuris, distinguitur a dominio.*" Bañez, *De Iustitia*, 117.

67. 巴涅斯警告说定义极端需求必须非常小心。他认为，当某人面临少见的不能 50
靠施舍养活自己的情况，他经常还是可以应征入伍"为国王效力"。Ibid., 406. 这位多明我会修士的分析深受对私有财产的强烈尊重感的影响。

68. Francisco de Vitoria, *Comentarios a la II-II de Santo Tomás*, Cuestión 66, a. 7, v. 2, 340, texts from the translation of Vitoria's works edited by Father Vicente Beltráde Heredia, published in *Biblioteca de Teólogos Españoles*, vol. 3, (Salamanca, 1932).

69. Francisco de Vitoria, "Sentencias Morales" Selección y Prólogo del Padre Luis Getino, D. P., 1939, Ediciones Fe. q. 66, a. t; vol. 2, 340. *Comentarios a la II-II de Santo Tomás*, ibid.

70. Ibid.

71. *Manual*, 206.

72. *Manual de Confesores*, 207. The Jesuit Leonard Lessio, cites Azpilcueta and shares his position: "*in extrema necessitate, omnia sunt communia, ut habet receptum axioma, non quod per illam statim transferatur dominium (ut*

recte probat Navarrus cap. 17. no. 61), *sed quia quod ius tendi*, *communia sunt*, *ita ut licite quius illis.*" Leonardo Lessio, *De Iustitia et Iure*, Dub XIX, chap. 12,145 - 46.

73. Soto, *De Iustitia*, bk. 4, q. 1, 283.

74. 卢果继续详细论述这一点:"需求和穷困不致让穷人成为某些物品的正式主人,而只能是间接的主人。就此而言,它使这些物品成为公用的,即,它使这些物品现在看起来不属于某人,可以以某种有效的方式被占用,仿佛它们将来也不属于任何人;此外,只要它们未被占用,其主人就没有丧失所有权,而只有在仁慈和慈善而非公义上有义务将它们给予那些有需要的人。" *De Iustitia et Iure* (Salamanca, 1971), tome 1, disp. 15, lec. 7.

75. Ibid.

76. *Suma Teológica Moral*, op. cit. , part 2, tít. 1, chap. 14; vol. 2, col. 224. Translation of the Verona 1740 edition, in Restituto Sierra Bravo, *El pensamiento social y económico de la escolástica*, CSIC, Madrid, 1975. , p. 484.

77. Restituto Sierra Bravo, op. cit. , pp. 591 - 592.

78. Christopher Dawson, "St. Boniface" (pp. 1 - 8), in *Saints and Ourselves* (ed. Philip Caraman, S. J.), P. J. Kennedy & Sons, Nueva York, s/f, p. 1.

79. *Catholic Encyclopedia*, Bullfighting, vol. 2. , p. 882.

80. Juan de Mariana, Tratado Contra los Juegos Públicos in Biblioteca de Autores Españoles, *Obras del Padre Juan de Mariana*, Ediciones Atlas, Madrid, 1950, t. II,, p. 452.

81. Ibid. , p. 452.

82. Ibid. , p. 453.

83. Ibid. , p. 456.

84. Juan de Mariana, *Obras del Padre Juan de Mariana*, en Biblioteca de Autores Españoles, Ediciones Atlas, Madrid, 1950, t. II, "Del Rey y de la Institución Real," p. 550.

85. Ibid.

第四章　公共财政

> 许多人喜欢扩大国王的权力，使其超越理性和法律的限制；一 51
> 些人暗示，这会赢得国王的欢心，增加他们的财富（官廷和宫殿里充斥着这些危险的人物）……另一些人这样想，则是因为他们认为这样使皇室伟大、更高贵；这是公共幸福和个人幸福的基础。但他们错了，因为权力如同德行，有其限度和程度，一旦过度，不但不会增强，反而会被削弱，消亡。正如许多重要作家所说，权力不像金钱，钱越多，人越富；它更像胃里的食物：太多或太少都会让你衰弱。众所周知，当国王的权力膨胀过度，其统治就将堕落为暴政，暴政不仅邪恶，而且短命，因为真正的公民是它的敌人，而且没有任何有效的武器或强力可以压制他们的愤怒。[1]

政府的本质和形式

晚期经院哲学家认为，人们对政府功能的理解直接影响其对于公共开支的合法性及范围的看法，为此，他们讨论了政治结构的问题。在胡安·德·马里亚纳和许多经院学者看来，政治中最重要的不是制度，而是特定社会中人民可以享有的权利和条件：

> 政治家通常会问何为最佳的政府形式。但在我看来，这是次要 52

的，因为我发现，在共和政体与君主政体之下都有不少邦国繁荣昌盛。[2]

主观效用理论看起来也可以用于分析政治系统，至少对于马里亚纳是如此：

> 衣服也好，鞋子也好，家也好，即使是最好、最精致的，也是有人喜欢有人不喜欢，万事万物莫不如此。我认为，不同的政府形式亦是如此。正因为某种形式胜过其他各种，因而它也就不必让采用不同制度和风俗的人民接受。[3]

马里亚纳断定，“共和制”（Republic）是“名副其实的，因为所有公民都依据其阶层和所长参与政治”。[4]在“民主制中”，他断言，邦国的荣誉和地位的予夺与人之所长或社会地位无关，“这确实有违常理，因为它试图使不平等造就的天性或优越而不可抗拒的力量平等化”。马里亚纳认为，社会先于权力存在。

> 只有在社会构成之后，人们才能考虑权力。这一事实本身就足以证明，统治者存在的目的是为人民谋福利而非相反……我们每个人对自由的追求印证了这一点，而当某人拿起法律权杖或用他的剑的力量压服其他人时，自由第一次被削弱。[5]

对自由的这种限制虽繁重但有必要，而且必定起自人民的意愿：“如果为了幸福，我们需要某人来管理我们，我们必须给他权力，而不是让他用剑来强制我们这样做。”[6]因为政府的主要目标就是采取措施达到和平，由此完全可以得出这样的结论，国家的主要功能之一就是通过保护私有财产达到和平。

马里亚纳严厉批判了几个著名的成功统治者。他宣称居鲁士(Cyrus)、亚历山大和恺撒

> 是王,但并非合法的王。他们不是去驯化残忍的怪物,消除邪恶……他们采用强盗的勾当。讽刺的是,今日的人们却对他们大唱赞歌。[7]

一开始时,暴君无不摆出温和、微笑的姿态,而一旦其手中权力稳固,"他们唯一的愿望将变为破坏和侵犯"。"富人和善人"成为他们主要的牺牲品。医生以其医术帮人去除身上的病菌,而暴君却"致力于将那些为共和国的光明和未来贡献最多的人驱逐"。[8]

> 他们耗尽个人的财宝。每天征收新的税种。他们在公民中播 53
> 撒分裂的种子。他们穷兵黩武。为了镇压反对其暴政的反抗,各种手段无所不用其极。他们耗尽民脂民膏树立巨大而丑陋的纪念碑,压制其子民的抗议声浪。你是否偶尔想过,埃及金字塔与帖萨利奥林匹斯山的地下洞穴有着不同缘起吗?[9]

马里亚纳认为,国王不是私有财产的主人。起初设立国王是为了保卫共和国;后来,国王获得权力是为了打击犯罪、惩罚不义。为此,他们获得了特定的收入,被告知可以收些税。国王拥有这些物品(税收和王室财产),但不能占有其他人的财产。此外,"如果国王不是某些私人物品的主人,则在未征得主人的同意之前,他不可处置这些物品(整体或部分)"。否则,其行为就是暴行和强权,就有可能被驱逐。[10]马里亚纳的结论是"国王未经人民同意,不得做损害他们的事情(这里我指的是,夺走人民的财产或部分财产)"。[11]

政府支出

> 看到那些进入公共管理机构时一贫如洗的人，在服务公众的过程中逐渐富有起来，变得大腹便便，这对于一个共和国来说是多么悲哀，对于良善的人们来说又是多么可恨。[12]

马里亚纳清晰地定义了在财政政策方面政府应有的适当态度。“首先，在削减所有多余开支后，君王必须征税适度。”他指出，预算平衡很重要，只有这样，王国才不会

> 被迫欠债或消耗自己的储备(帝国的力量)以支付每日增长的利息……[13]我们必须首先关注收支平衡……这样共和国就不会因为无力偿债而卷入更多的坏事。如果皇家的开支大于税收，坏事就将来临。每天都会有新的税种产生。公民将被激怒，不再听命于国王。[14]

多明戈·德·索托也劝说君王不可使国库空虚，敦促他不可将税款用于非公益的开支。“共和国的大危机源于财政空虚；人们遭受贫困，日日增长的税收压得人们喘不过气。”[15]

54 迭戈·德·萨维德拉·法哈多(Diego de Saavedra Fajardo，1584－1648)建议国王坚持无赤字预算，“收入应大于支出”。[16]他提出，平衡预算的最佳途径就是削减开支[17]，因为

> 权力是疯狂的，必须靠财政上的审慎加以制约。缺乏审慎，帝国毁亡。罗马帝国的衰亡源于皇帝支用无度，耗尽国库。[18]

根据晚期经院哲学家的说法，人们在使用公共钱财时远比花自己的钱大手大脚。这导致公共支出不合理地上升。1619年，“尊贵国王的圣

典学者、专职神父及秘书”佩德罗·费尔南德兹·纳瓦莱特(Pedro Fernandez Navarrete)出版了一本书,建议保留西班牙的君主制。[19]他认为,西班牙的主要问题是高税收——人民必须为公共开支买单——导致的向外移民潮。他下结论说,国王扩大其王国的最佳手段是削减开支。以史为鉴,他指出,尼禄(Nero)和图密善(Domitian,他称两人为“这个世界的怪物”)

> 之所以必须夺取其子民的财产,克扣军饷,不给军队补给,不修缮堡垒,掠夺寺庙,其原因在于**他们在那些无用的工场、精美的筵席、奇装异服……以及连续不断的演出和聚会上靡费巨万**。[20]

纳瓦莱特批评西班牙有大量人口靠国帑生活,“像一班女魔头(harpies)一样吸取”国王的财富,而可怜的工人只能“吃黑面包和草勉强度日”。[21]

纳瓦莱特不认为货币多就是富有,他认为能生产的省才是富裕的省。他宣称,如果生产者必须付高额的税,必须应付恶性通货膨胀,生产力就将受到阻碍。

> 贫穷的根源在于高税赋。由于害怕收税员,[农人]宁愿放弃其土地,这样才能无烦恼。正如泰奥多利科国王(King Teodorico)所说,只有无人害怕收税员的地方才是愉快的国家。[22]

而且,“税征得越多,所获就将越少”。[23]随着有生产能力的纳税人日渐减少,“留下的少数人越来越难以承担日益沉重的税负”。[24]为增强说服力,纳瓦莱特提到了彼特拉克(Petrarch),后者在一封私人信件中,建议西西里国王说,最佳政策是藏富于民而非藏富于国库。

55 > 如果封臣富有，国王也不会穷，因为财富藏在子民手中比藏在国家司库的三重扃鐍的棺材里要好，因为后者每天都在走向破产。[25]

纳瓦莱特进而宣称，那些对生产活动征收重税的政府就像收获时将作物连根拔的农夫。他用一个比喻来强化他的税负观：“如果农人只顾收获果子而不培育果树，过不了几年果园必将荒芜。”如果国王偶然遭遇突发而不测的危机，纳瓦莱特建议他可请求人们自愿捐助。在列举了大量例证之后，纳瓦莱特宣称，政府不该向人民掩盖其财政困难。“掩盖公共弊病不仅无用，而且不利弊病的清除。”只有公众对其有了认识，解决困难的意愿才会高涨。[26]

纳瓦莱特解释道，国家开支上涨，税负也会上升。在他的书中，他随后用了 22 章的篇幅（《演说集》[*Discourses*] XXIX－L）分析了公共开支问题。他抨击 16 和 17 世纪的官僚，也就是当时的廷臣，他建议“这些人多开除些才好”。这不足以

> 阻止王廷的规模进一步扩大。我们需要将那些冗余的食客清理干净。有人或许会说这个建议有些极端，因为那么多人靠王廷养着，但这一弊病极为严重和明显，我们没有理由不采取措施。[27]

廷臣可能成为一种危险

> 当用于他们的过度开支导致贫穷。贫穷是一个坏导师。它会煽动人民通过革命夺回被浪费和滥用的东西。过度的开支还会导致债台高筑，争议不断。[28]

有必要削减开支的另一个理由是

> 混乱是一切错误之母，在这样一个芜杂的宫廷丛林中，必定潜藏着不少居心不良之徒。[29]

纳瓦莱特还批评了那些不待在修道院而整天出入王廷的教士。[30] 由于西班牙王廷充斥着诸如“男仆、车夫、脚夫、卖点心的、侍者和刺客”之类的下人，纳瓦莱特开出他称之为“多多放血”的方子。他宣称，即便像能干的廷臣这样的“好血”也必须清洗，“只有这样，我们才能把置身好血保护之下的坏血清除干净”。[31]

在《演说集》第 31 章“论过度开支”中，纳瓦莱特引用提图斯 56
(Titus)〔1〕的意见：君主常因政府开支过度而败亡。当人们花得多了，

> 他们就易受贿赂、偷窃等违法恶行的诱惑。当支出超过了国库所能承受的，难保大臣清廉，法官公正。[32]

按照马里亚纳的说法，一旦有谣传说公库空虚，纳税人就会愤愤不平。随后，惴惴不安的君主就会焦虑地寻求一些非常规的手段来填补其花销：

> 他咨询顾问，却得到了完全矛盾的建议。**邪恶而无用的改变货币价值的建议就时常会在国王耳边低低地响起**。他们说，用了这个方法，没人会直接受害。货币的实际价值变低了，而其法定价值保持不变。你还能想出其他更方便或更快的方法让君主从可怕的困境中脱身吗？但是这些有学问的人怎么会相信如此严重的错误做法，并为如此荒谬的方案喝彩？一个国家，一个君主，永远不可违反正义。这些手段，无论从哪方面考虑，现在是、并且将来也惯常是掠

---

〔1〕古罗马皇帝。

> 夺行为(*latrocinium*)。如果我必须付 5 块钱才能买到值 3 块钱的东西,这不是掠夺还能是什么? 货币之所以成为交换的一般中介物,那是因为其价值稳定,在危机重重的时候波动很小。[33]

马里亚纳在关于通货膨胀的书的最后一章中,将货币贬值的最终原因归结为过度的公共开支。尽管他否认自己是这方面的专家,但他讲的一切就像是一个专家的言论。他宣称,王家开支应该削减。“有节制的花费,如果使用得当,比奢华靡费更显王家光辉和尊贵。”随后,他解释道,1429 年王室总花费总计大约“8 百万铜币”(cuentos de maravedis)。[34]

> 一些人会说这个账目已非常之老了,而世事沧桑,现在国王们非常强大,为此,他们需要花费更多,他们的生活开支也更加昂贵了。这是事实,但这并不能解释为何今日王家的开支比例失调。[35]

在指出到 1564 年,王室开支已达 118 百万铜币(cuentos de maravedis)之后,他评述道,

> 你们又会说:哪项开支可以削减? 我搞不清楚;那些做这方面工作的人必须弄清楚。我所知道的是,人们说,钱被乱花了,而且没有账目或理由说明收入是怎么花销的。[36]

57 马里亚纳建议国王削减津贴的发放。他告诫君主不要用王国给他自由用度的财产,来拥有一座私人葡萄园。他写道,对于铺天盖地的“公共奖项、监护征赋制、养老金、福利和公职”,西班牙已招架不住了。由于担心君主相信给予特权就能买到人心,马里亚纳警告,“人的行为更多的是受期望而非感激驱动”。他进而建议国王不要再发起他所称的“不必要的战争,从事不重要的事业”。[37]和纳瓦莱特一样,马里亚纳也建议对于

无法治愈的“癌变的肢体”进行截肢：

> 据说，在最近几年里，没有一项职业或职位——包括觐见的机会和主教的职位——不是靠送礼和贿赂买来的……这应该不是真的……可怕的是，老百姓都在说……我们看到那些大臣们，**最近才从底层擢拔，突然间便腰缠万贯。这些钱如果不是穷人的血和商人的肉，又是从哪里来的呢**？[38]

他引用了一个历史事件，卡斯蒂里亚君主的一个犹太顾问告发了他所知道的贪污公共基金的公务人员。他承诺，只要那些人将其非法所得的一半交给国王就可以得到赦免，于是他收回了大量资金。[39]马里亚纳劝告国王应严格控制公务人员的行为。他建议，公务人员在就职时提交一份个人财产的清单，这样他们就必须详细解释其此后的财产是如何获得的。[40]

有观点认为，“公益”需要令政府开支提高合理合法，对此，巴脱罗梅·德·阿尔伯尔诺兹指出，在一个共和国中，政府应该尊重私人财产。

> 公益事业先于私人财产是一条通则，但我们难以知道什么是公益事业……许多时候，撒旦化身为光明天使，而我们将某些不切实际的东西当作善……我询问(读过葡萄牙历史的)读者有关某个异教国王建成的极其豪华的宫殿之事。在他的庭院里有一位老夫人的小屋，她拒绝将房子卖给国王。他向人们展示这座建筑，这样他们可以发现他是一位多么公正的国王，而他的臣民又享有多大的自由。[41]

税负原则

一般来说，税负是人民的灾难，政府的梦魇。就前者而言，税负永远太重；对于后者，税负永远不够，永远不会太多。[42]

58 博士们将税负定义为，君主或共和国将个人的东西征收来以维持共同体的存在，即，财产从个体合法地转移给政府。他们承认，在这一问题上，国王和民众都会不讲道义。佩德罗·德·纳瓦拉认为，

> 如果税负征收没有合法的体制，如果某人被征收的税负比他人更沉重，或者，税钱不是用于公共事业而是满足某种特殊利益或君主利益，税负就可能是暴政。在极端需求的状况下，平信徒当然不必纳税。[43]

晚期经院哲学家宣称，在法律允许的范围内，人们可以随意处置其财产，但他们提出了三个例外。尽管未成年人拥有完整的所有权，但他们只享有有限的财产使用权。法庭可以限制贼使用其财产或判令他的某些财产转给他人以作补偿。第三，政府可以以税负的形式占用一部分私人财产。[44]

然而，并非所有的税法都是公正的，偷税漏税也不一定都是非正义的。公正的税法必须符合任何公正法的要求。[45]此外，它还必须符合其他一系列相关要求：

需要——设立新税法是否有必要？

时机——现在是不是征收这一税种的合适时候？

形式——提议中的税负是否比例合理、公平？

多少——提议中的税负是适中的还是过度的？

纳瓦拉写道，将税收用于满足君主的爱好就是残忍的没收和掠夺。[46]他进一步宣称，一旦某种税收设立的理由不再存在，根据自然法，公民不必缴纳该项税负。[47]维拉罗博斯断言，国王的顾问们

> 必须认识到，税负严重削弱城镇，使农民贫穷。我们可以看到某些地方，昨日还一派繁荣，人丁兴旺，如今却衰败、荒芜，因为农民无法忍受高税负。[48]

鉴于其所处的政治环境，晚期经院哲学家分析税负问题是要有巨大的勇气的。现代思想家或许会与纳瓦里和泰奥多利科国王说同样的话："只有无人害怕收税员的地方才是愉快的国家。"[49]

注释：

1. Juan de Mariana, *Tratado Sobre la Moneda de Vellon*, in *Biblioteca de Autores Españoles*, Rivadeneyra, vol. 31 (Madrid: Editions Atlas, 1950), 578.
2. Juan de Mariana, *Biblioteca de Autores Españoles*, vol. 30, 26 - 27. 59
3. Juan de Mariana, *Del Rey y de la Institución Real*, in *Biblioteca de Autores Españoles*, Rivadeneya, vol. 31 (Madrid: Editions Atlas, 1950), 471.
4. Ibid., 477. (*republic* 这个词源于拉丁文，*res* = 事物；*publica* = 公共。)
5. Mariana, *Biblioteca de Autores Españoles*, vol. 30, Discurso Preliminar, 27.
6. Ibid., 26. 由于热切地攻击暴君，马里亚纳看起来似乎支持无政府状态。然而，他的主要目的在于抑制不义而非破坏秩序。
7. Mariana, *Del Rey*, 469.
8. Ibid., 479.
9. Ibid., *Del Rey*, 479. [黑体为笔者所加。]
10. Mariana, *Tratado*, 578 - 79.
11. Ibid., 578.
12. Mariana, *Del Rey*, 548.
13. Ibid.
14. Ibid.
15. Domingo de Soto, *De Iustitia et Iure* (Madrid: IEP, 1968), bk. 3, q. 6, art. 7, fol. 98.
16. Diego de Saavedra Fajardo, *Idea de un Principe Politico-Cristiano*, in *Biblioteca de Autores Espanoles*, vol. 25 (Madrid: Editions Atlas,

1947), 191.

17. Ibid., 192.
18. Ibid., 191.
19. Pedro Fernandez Navarrete, *Conservacion de Monarquias* (Madrid: 1619). There is a new edition of this work in *Biblioteca de Autores Espanoles*, Rivadeneyra, vol. 25 (Madrid: Editions Atlas, 1947).
20. Ibid., 218. [黑体为笔者所加]
21. Ibid.
22. Ibid., 105 – 6.
23. "*A paucis accipit, qui nimium quarent.*" Ibid., 130.
24. Ibid., 109.
25. Ibid.
26. Ibid., 121.
27. Ibid., 171.
28. Ibid., 173.
29. Ibid., 175.
30. Ibid., 177.
31. Ibid., 179.
32. Ibid., 209.
33. Mariana, *Biblioteca de Autores Españoles*, vol. 30, Discurso Preliminar, xxxvi. [黑体为笔者所加]

60 34. "*Cuento*" 指一百万。一马克银(8 盎司)可以铸 67 枚银币(雷亚尔, *real*, silver pieces); 一枚银币等值 34 枚铜币(*maravedis*)。

35. Mariana, *Tratado*, 591.
36. Ibid.
37. Ibid.
38. Ibid. [黑体为笔者所加]
39. Ibid.
40. Ibid.
41. Bartolome de Albornóz, *Arte de los Contratos* (Valencia, 1573), 69.
42. Mariana, *Biblioteca de Autores Españoles*, vol. 30, Discurso Preliminar, 36.
43. Pedro de Navarra, *De Restitutione* (Toledo, 1597), 124.
44. 参见下一章。
45. 在托马斯·阿奎那的学说中,不正义不能构成真正的法律。Saint Thomas Aquinas, *Summa Theologica* (London: Blackfriars, 1975), I-II, q. 95, art. 2. 这一论证求助于圣奥古斯丁的格言:"不正义的根本不是法。"(*De Lib.*

Arb. i. 5)一部正义的法律必须源于自然法,符合理性的法则,有利于人类。正义的法律还必须适合于该国的风习。它必须由一位统治该共同体的人来表述,但他的权限仅限于立法。臣民平等地承担法律要求的义务。圣托马斯宣称,非正义的法律将负担"不公平地"强加于"社会,尽管是着眼于公益"。他进一步断言,"类似的行为不是法律而是暴行。1 - 2, q. 96, art. 4.

46. Navarra, *De Restitutione*, 135.

47. Ibid., 137.

48. Henrique de Villalobos, *Summa de la Theologia Moral y Canónica* (Barcelona, 1632), 91.

49. Navarrete, 105 - 6.

第五章　货币理论

61 在其试图分析市场行为的道德基础时，西班牙经院哲学家研究论述了许多主题，包括货币的本质。这一简短的章节将突出德·索托、马里亚纳、莫里纳及其他晚期经院思想家关于货币的最重要洞见。这些经院学者一般都遵照亚里士多德的学说来发展货币理论。如同亚里士多德，经院思想家都知道，易货贸易的种种不便导致货币应运而生。为此，货币的基本功能就是充当交换的中介。圣托马斯·阿奎那提醒读者说：

> 根据亚里士多德的观点，发明货币的主要作用就是用于交换，因此，货币的首要和适当用途就是在日常交易中被使用和支付。[1]

货币也可用作储值和交易手段。然而，这两种功能是以货币的基本属性（即，货币是最常用的交易中介物）为基础的。

如同其西班牙同行，德·索托用亚里士多德式的术语来解释货币的本质和起源，他说“造一座房子不能按照鞋子、袜子或其他制成品来估价”。经济核算离开作为衡量单位的货币是不可能的。[2]尽管德·索托说许多物质都可以用作货币，但他更喜欢金币。[3]

货币和价格 62

中世纪经院学者还研究货币供应量增长(或货币贬值过程)对价格的影响。他们的这类分析令许多现代学者大感兴趣。[4]马里亚纳指出,"货币的法定价值下降,则所有物品的价格必定同比例上涨"。[5]他指出货币成色降低也会造成同样结果。[6]

在其《忏悔和沉思手册》中,神学家马丁·德·阿兹皮尔库埃塔提出了被许多学者视为货币数量理论的最早简述:

> 在其他条件相同的情况下,在货币严重缺乏的国家中,所有其他可出售的物品,甚至是人类的手艺和劳动,其所得的货币数少于货币充裕的国家。于是,我们凭经验就可发现,在货币量比西班牙少的法国,面包、葡萄酒、衣服和劳力比较便宜。即便在西班牙,货币短缺的时候,可出售的货物和劳力远比印度发现后金银滚滚而来之时便宜。其中的原因就是,在缺少货币的地方和时段,货币的价值比在货币充裕的地方和时段更高。一些人说,货币的短缺令其他物品价值下降,源于货币的(价值)过度上升而使得其他物品的价值看上去降低了,这就好像一个矮个站在一个非常高的人身边,看起来比他站在一个和他差不多身高的人身边要更矮些。[7]

阿尔伯尔诺兹也推断说,货币量充裕是西班牙高物价的原因。除了钱什么都贵。他强调,"这就是关于这个问题的最基本、最微妙的根源"。[8]

差不多所有晚期经院哲学家都持有这样的观点,即货币量是影响货币价值的主要因素之一。路易·德·莫里纳解释说:

> 有另一种方式使货币在一个地方比另一个地方更值钱,也就是,货币比任何地方都短缺。在其他条件相同的情况下,哪里的货

币量最充裕，其购买货物以及等价货物的值就最小。正如货物充裕会导致其价格下降（在货币量和行商数相同的情况下），货币量充裕也会导致货物的价格上涨（在货物量和行商数相同的情况下）。原因在于，货币自身购买和等价货物的值减小了。于是，我们看到，在西班牙如今货币充裕的状态下，其购买力远低于八十年前。那时花两块钱（ducat）就可以买到的东西，如今要五六块，甚至更多。工资也同比例上涨，嫁妆、不动产、圣俸等等也都是如此。

63 莫里纳补充道：

> 同样地，我们看到，货币在新世界比在西班牙更不值钱得多（尤其是在秘鲁，那里货币更为充裕）。但在货币比西班牙短缺的地方，它就更值钱一些。货币在所有地方的价值都不一样，而且会变化；在其他条件相同的情况下，引起变化的原因是货币量的变动……即便在西班牙国内，货币的价值也在变动：通常在塞维利亚最低，那里常有新世界来的船只，因此那里货币量最充裕。哪里对货币的需求最大，无论是用于购买还是运送货物……或者其他任何目的，货币的价值就会最高。这些情况也是造成在同一地点但在不同时段会发生币值变动的原因。[9]

人们的货币观念也会影响其交换价值。仅有效用构不成经济价值之源。更确切地说，效用和短缺共同决定经济价值。梅尔卡多指明，在物物交换（物物交易）和货币交易中，物品并非按其固有价值而是按其“根据估算的偶然的非固有价值”进行交易。[10]就货币而言，如同

> 货币购买的物品，价格不遵循其本质属性，其价格并不是根据其内在价值的高低，而是根据我们对它们的需求以及它们的用途而

确定。[11]

莫里纳解释道，“在货币交易中，我们必须考虑的不是其内在固有价值，而是对其价值的估计”。[12]马里亚纳则描述了导致货币价值降低的两个因素：

> 第一个是这种货币的数量充裕，这导致货币价值缩减，用于交换货物的支付量上涨。第二个是这种货币贬值严重、质量很差，以致所有人都避免持有它。人们不会出售任何商品以换取大额货币。[13]

一种货币如果持续贬值就不断失去其效用。随后，人们会减持，这又将进一步降低其价值。

马里亚纳认为，有两件事可以确定：第一，国王有权改变货币（有权改变硬币的封印和形状）；第二，在极端有必要的时候，国王可以让货币贬值，但前提是(a)这是短期行为，(b)危机一旦结束，国王将对人民遭受的损失进行补偿。在此意义上，显然马里亚纳将货币贬值当作是某种形式的征税。[14]

弗雷·托马斯·德·梅尔卡多同样认为货币估值对价格的影响相当之大：

> 被认为是交换基础的第三个原因是估值的差异。为了理解这 64
> 一点，我们必须认识到，货币的价值和价格与其估值并不是一回事。一个明确的证据是，在西印度群岛，币值同这里一样；也就是说，1 雷亚尔（*real*）等于 34 铜币（*maravedis*）。1 比索（*peso*）等于 13 雷亚尔，其价值同在西班牙一样，尽管其价值和价格是相同的，但在这两个地方，其估值非常不同。货币在西印度群岛的估值远低于西班

牙。乡村品质和气质使那里的所有人都由衷地极为慷慨，以致在他们眼中，12雷亚尔并不比12铜币更值钱。[15]

梅尔卡多还写道：

对于货币，我们可以发现两件事：一是价值和法定标准是货币的实质和本质；估值则是另一回事。某些东西，在别的事物可能是外在的和可变的，在货币则是自然的和基本的，估值是偶然性的。[16]

1553年，多明戈·德·索托将这些学说用于那时的西班牙，他评述道：

梅迪纳的货币越充裕，交易的条款就越苛刻，并且，如果有谁想把货币从西班牙转账到佛兰德斯(Flanders)，他就得出更高的价格，因为西班牙对货币的需求比佛兰德斯低。一旦货币在梅迪纳短缺，他要付出的就会少些，因为在梅迪纳人们更需要货币而不是把它转到佛兰德斯去。[17]

德·索托认为，货币的价值在极端危机时期会改变，但极少以合法的方式改变。“相反，货币应仿效自然法，通常稳固不变动。”[18]让货币价值不停变动的君主通常会失信于民。红衣主教胡安·德·卢果也有类似的观点：

莱西乌斯(Lessius)、莫里纳、萨拉斯(Salas)都注意到，货币价值这种在不同地方过度不等的情况，不仅源于其有更高的内在价值——因为具有更高的金属含量或总量，可能也源于其外在价值的差异。为此，货币涌入的地区可能存在普遍的货币短缺状况，或者更多人急需货币，或者那儿有着经商赚钱的更好机会。由于货币在

> 那里更能满足人们的需求，花同样多的钱可以买到更多的货物，于是，在那里货币理所当然地被认为更值钱。[19]

科瓦卢比阿斯也宣称，货币的估值会随其所含金属纯度而变化。[20]胡 65
安·德·马里亚纳进一步指出，尽管货币的法定价值不会变，但硬币的质量会变化。耐用、便于携带的货币其价值更高。[21]

梅迪纳则举出了另外一些影响货币价值的因素：(1)其作为一种储值功能的能力，[22](2)接受该种货币的地方的多少，[23](3)其法定值的变动度[24](即变动度越大，其价值越小)。梅迪纳总结说，货币的真实价值与当局制定的法定价值存在差异。价值差异不仅基于其客观质量，也与其用途相关。[25]

另外一些作者也讨论了类似的问题，但很少被历史学家引用。佩德罗·德·纳瓦拉说："在自由人中间，如果一枚硬币的重量和质量下降，其价值和估值也随之下降，无论是交换、收进还是购买时，付出都是如此。"[26]克里斯托瓦尔·德·维阿隆(Cristobal de Villalón)认为，货币的价值每天在变化，"因为其价值每天随市场而动"。[27]18世纪的许多作者也有相同的观点。比如，多明戈斯解释道，货币有内在固有价值和非固有价值，他进而总结说，前者基于当局规定的法定标准，后者则随硬币所含金属的市场价格而变动。

> 无疑，货币的价值如同太阳底下的万物：它与其价格相一致，而他们(人们)按其意愿定价。[28]

多明戈斯嘲笑那些信奉货币的价格理论与其他物品的价格理论不同的作者。他评论说，如果我们接受这样一种体系，"我们的每份合同都要一个专有名称了"，而这是荒谬的。[29]

货币贬值与私有财产

许多晚期经院哲学家不赞成以货币贬值的方式来重新分配财富。虽然国王或可从这一政策中获得短期利益，但健康、稳定的货币更为重要。梅尔卡多指出：

> 有几件事对于健全的政府和王国的和平来说是必需的，其中之一便是货币的价值和总量，甚至其封印和设计式样，都必须持久而尽可能不变动。[30]

66 他也批评货币发生变动，因为它们影响

> 每个人的财富。归根结底，一切都是钱，并且钱变一切变；穷人变富人，富人变穷人。为此，亚里士多德说，一个共和国应该保持稳定和持久的东西之一就是不变的币值，如果可能的话，应保持二十代，这样后代子孙就会清楚地知道哪些是他们从老祖宗那里继承来的，哪些是他们凭自己的能力挣来并传给子孙的。[31]

胡安·德·马里亚纳将通过货币贬值转移财富，比作是某人溜进私人谷仓盗取粮食：

> 国王对人民的财物没有占有权，他不可部分或整个地夺走这些财物。国王跑进一个私人谷仓，拿走一半小麦，然后试图安抚主人说，你可以以两倍的价钱出售剩余的小麦。这样的行为合理合法吗？我认为没有人会判断力丧失到赞同这种行为；铜币贬值也是一样的行为。[32]

马里亚纳指出，当国王铸造新货币时，他保留了三分之二的价值，而把三分之一留给其臣民。[33]马里亚纳预言，“人民将被改变，变穷”，他称这种操纵货币供给的行为是“无耻的系统性抢劫”[34]。

货币贬值导致的麻烦

马里亚纳认为健康而稳定的货币极其重要。货币与称重及尺度共同构成了贸易和合同的基础。为此，他说：

> 正如建筑的地基必须牢固稳定，如果想避免贸易的混乱和摇摆，称重、尺度和货币不可变动。[35]

马里亚纳引用《肋未纪》〔1〕第27章23节，他规定货币的“纯度和合理的价格”应在圣所里得到监督。[36]圣所所藏的“协刻耳”(shekel)〔2〕应该是价值的标准。〔3〕他还引用圣托马斯的话，并建议君主不要随意改变货币。[37]货币的变化，

> 旧换新，这个国家的换另一个国家的，都会造成巨大的混乱。那些在政府里供职的看来不是很懂行的人，因为他们没有注意到由此在别国和我们自家后院里造成的大灾难和大反抗。他们也没学
> 会在处理这类事情时应当如何之小心谨慎。明眼人一看就明白，贬 67
> 值货币这一专横的手段在短期内会给君主带来益处，并且已被用过多次。但与此同时，我们也必须认识到随之而来的消极影响，以及它对人民所造成的巨大损害，甚至对君主也是如此——将迫使他折

〔1〕和合本作《利未记》。
〔2〕和合本作“舍客勒”。
〔3〕《肋未纪》第27章25节：“一切估价都应按圣所的‘协刻耳’；一‘协刻耳’等于二十‘革辣’。”

回向前的步伐，甚而采用更糟糕的手段去解决这一问题，正如我们在下文将看到的那样。[38]

在马里亚纳看来，试图用货币贬值来解决经济问题，就如同给病人喝酒。开始会让他一时恢复，但随后则会引发事故，使病情进一步恶化。[39]马里亚纳解释道，国王可以用劣币偿债，以缓和其经济问题。他还补充道，从短期看，增加货币供应可以导致生产上升。人们会对货物有更高的需求，因为“每个人都想把这种劣币花掉”。[40]注意到大部分令货币贬值的暴君都采用根本不含金银的铜币（维隆币，*vellon* money），[41]马里亚纳阐述了一个原则，该原则与今日经济学家所说的“格雷欣法则”（Gresham's Law）——劣币驱逐良币——颇为相似：当铜币盛行并且被高估，它将驱逐银币（后者被人为低估）。[42]

在其论述货币问题的专著的第十章，马里亚纳罗列了人为增加货币供应将造成的重大麻烦。首先他证明了这一举动践踏了西班牙的法律。他认为，铜币只可用于小额商业交易。货币是“被发明用来便利和促进贸易的”，这是其主要功能。最好的货币就是能最好履行其功能的。他说，虽然没有必要只用金银币或禁止铜币，但“我们不必走向另一极端，淹没在铜币里”。[43]

此外，马里亚纳还断言。货币贬值违反理性和自然法。因为它侵犯财产权，等同于抢劫。就此而言，借钱时拿的是硬通货，还钱时却用劣币，也是不公正的。[44]马里亚纳指出，这一套不能用在别的商品上，因为国王没有所有权。他暗示，一旦国王有权管理商品，欺诈行为的出现也是理所当然的。

马里亚纳认为，货币贬值造成的最消极影响之一将发生在政治方面。国王的岁入将减少。贸易活动会减少，民穷则国穷。[45]人民将憎恨君主。[46]马里亚纳指出，尽管这一切是铁一般的事实，

> 但贪婪是盲目的，需求导致不幸，过去容易被忘却；因此我们很容易重蹈覆辙。我实话实说：令我惊讶的是，那些在政府工作的人没有从中吸取教训。[47]

他将货币贬值界定为一种征税行为，并评价道，这种税“对于这个充 68
满了苦难的悲惨的王国是难以承受的”。[48]根据这些充分的论证，他总结道：

> 我明白，任何改变币值的行为都是危险的。贬值货币或者将其价格定得高过其自然价值和一般估值，永远都不是善举。[49]

马里亚纳建议，一切还是顺其自然为好，不要让货币变动，因为能从中获利的只有君主，“我们不应该老是照顾君主的利益——至少在他采用这些手段时”。[50]

萨维德拉·法哈多也建议君主要克制改变币值的冲动。他说货币就像年轻姑娘，触动她们就是一种冒犯。货币问题会导致合同问题，这些变化阻碍商业活动，公众就会遭罪。[51]由于大权在握，所有国王都应当承诺不改变货币。他们务必确保货币的实质、形式和数量不变。萨维德拉·法哈多规定，健全货币的价值等于其所含金属的价格加上铸造费用。地方性货币的纯度应与广泛流通的相近，外国货币应允许在王国内流通。[52]

马里亚纳谴责货币贬值，称之为“野蛮”行径。他写道，那些提议者简直就是“共和国的瘟疫”。[53]

> 如果我们随意降低金银币的纯度两个百分点或更多……如果当地商人不同意承受由货币贬值造成的损失，那么对外贸易将不再可能。国内贸易将信义全失，生产停顿必定随之而来，生产不足、高

物价、贫穷、困惑、混乱，必将接踵而至。政府的确可以强迫我接受用新货币结算我的商品，但与此同时，我就不能提高商品的价格，以弥补由于专横地将掺假的金属货币强加于我而造成的损失？国王试图克服的这种事态发展——源于人民保护自身利益的天然愿望——的所有努力难道不是完全无用的？**这种源自人性的、极为自然的悲哀结果，我们只有通过咨询我们的理性才能预见。但是，让我们明白的不仅是理性，还有经验，真实得可怕的经验，它是用血和泪写就。**[54]

69 **注释：**

1. Saint Thomas Aquinas, *Summa Theologica* (London: Blackfriars, 1975), II-II, q. 78, art. 5, resp. The Latin text reads: "*Pecunia autem, secundum Philosophum, principaliter est inventa ad commutationes faciendas.*"
2. Domingo de Soto, *De Iustitia et Iure* (Madrid: IEP, 1968), bk. 111, q. 5, art. 4, fol. 88.
3. Ibid.
4. Marjorie Grice-Hutchinson 的 *The School of Salamanca: Readings in Spanish Monetary Theory*, 1544 - 1605 (Oxford: Clarendon Press, 1952), 对此问题特别关注。
5. Juan de Mariana, *Tratado Sobre la Moneda de Vellon*, in *Biblioteca de Autores Españoles*, Rivadeneyra, vol. 31 (Madrid: Editions Atlas, 1950), 586. 马里亚纳补充道，"我们这里所说的绝不是白日梦，因为每次这么做了，结果都一样"。Ibid.
6. Ibid.
7. Martín de Azpilcueta, *Manual de Confesores y Penitentes* (Salamanca, 1956), 84, English translation in Grice-Hutchinson, *The School of Salamanca*, 80 - 96, and in Grice-Hutchinson, *Early Economic Thought in Spain*, 1177 - 1740 (London: Allen & Unwin, 1975), 104.
8. Bartolome de Albornóz, *Arte de la Contratos* (Valencia, 1573), 132.
9. Luis de Molina, *De Iustitia et Iure* (Moguntiae, 1614), disp. 406, cols. 704 - 5.
10. Ibid.

11. Ibid.
12. Ibid.
13. "*La una ser, como sera, mucha sin numero y sin cuenta, que hace abaratar cualquiera cosa que sea, y por el contrario, encarecer lo que por ella se trueca; la segunda ser moneda tan baja y tan mala, que todos la querran echar de su casa y los que tienen las mercaderias no las querran dar sino por mayor cuantía.*" Mariana, *Tratado*, 587.
14. Ibid.
15. Tomas de Mercado, *Suma de Tratos y Contratos* (Salamanca, 1594), 92 - 93, quoted in Grice-Hutchinson, *Early Economic Thought*, 105.
16. Ibid.
17. Soto, *De Iustitia*, bk. 7, q. 5, art. 2. Translation from Grice -Hutchinson, *Early Economic Thought*, 103.
18. Ibid., bk. 111, q. 5, art. 4, fol. 88.
19. Juan de Lugo, *De Iustitia et Iure* (Lyon, 1642), dis. 26, sec. 4, paras. 41 - 44, quoted in Grice-Hutchinson, *Early Economic Thought*, 106.
20. Diego de Covarrubias y Levia, *Opera Omnia* (Salamanca, 1577), bk. 1, chap. 7, 1055.
21. "*Facilius potest de loco in locum portasi.*" Juan de Medina, *De Con-tractibus* (Salamanca, 1550),148.
22. 在此意义上,黄金是最好的货币,因为"便于在家中贮藏,便于携带"(*quia* 70
melius domi conservatur aurea quam alier moneter)。Ibid.
23. "*Quia una universalius est distrahibilis, quia in pluribus regnis et locis currit et expenditur quam alia.*" Ibid.
24. "*Quia not ita facile valor legalis bonae pecunie variatur, sicut valor aliarum pecuniarum inferiorum, quae magis sunt periculo diminutionis exponiter.*" Ibid.
25. The Latin quotation reads: "*Itaque non solum aurea pecunia valet plus quam alia interior moneta: ratione materiae, sed etiam quatenus pecunia est, et talis qualitatis dicitur plus valere ob praefatas et alias utilitates, in quibus una moneta aliis monetiis est preferenda: ideo dicunt hac ratione posse pecuniam vendi carius, quam sit valor eius legalis.*" Ibid.
26. Pedro de Navarra, *De Restitutione* (Toledo, 1597), bk. 11, 177. The Latin text reads: "*Sed illi liberi sunt, ut si moneta diminuta sit in materia, et pondere, ipsi etiam de valore et aestimatione diminuant, eam sic recipendo, et expendendum.*"

27. Cristobal de Villalón, *Provechoso Tratado de Cambios y Contra-taciones de Mercaderes y Reprovación de Usura* (Valladolid, 1542), fol. 11. (The Spanish text reads: "*conforme a la plaza*" [according to the market]).

28. J. M. Dominguez, *Discursos Jurídicos* (Madrid, 1732), 65. The complete title of this book is *Discursos Jurídicos Sobre las Aceptaciones, Pagas, Interesses, y demas Requisitos, y Qualidades, de las Letras de Cambio.* 作者生于塞维利亚,本书是题献给巴伦西亚大主教(the Archbishop of Valencia),并经宗教法庭所认可的(文本中没有任何部分有违神圣的大公信仰和良俗),西班牙文作:"*por no contener cosa que se oponga a nuestra Santa Fe Catholica y buenas costumbres.*"

29. Ibid.

30. Mercado, *Suma de Tratos*, 264.

31. Ibid., 256–66.

32. Mariana, *Tratado*, 586.

33. Ibid., 587.

34. "*Infame latrocinio.*" Ibid.

35. Ibid.

36. "*Omnis aestimatis siclo sanctuari ponderatur.*" Ibid., 581.

37. Saint Thomas Aquinas, *De Regim. Princ.*, lib. 11, cap. 14. English ed. *On Kingship to the King of Cyprus* (the Governance of Rulers), trans. I. T. Eschmann (Toronto: The Pontifical Institute of Mediaeval Studies, 1949).

38. Mariana, *Tratado*, 581."更糟糕的手段"是物价管制。马里亚纳担保说,强制实行物价管制肯定是错误的。他说,"没有人会愿意出售货物",从而评述道,这种"补救"措施,不但于事无补,反而使情况更糟。Ibid., 586。

39. Ibid., 581.

40. Ibid.

71 41. Ibid.

42. "每个人都更喜欢用铜币而非银币支付。" Ibid.

43. Ibid., 586.

44. Ibid.

45. Ibid., 587.

46. Ibid., 588.

47. Ibid.

48. Ibid., 589.

49. Ibid., 591.

50. Ibid.

51. Diego de Saavedra Fajardo, *Idea de un Príncipe Político-Cristiano*, in *Biblioteca de Autores Españoles*, Rivadeneyra, vol. 25 (Madrid: Editions Atlas, 1947), 192.
52. Ibid., 193.
53. Mariana, *Biblioteca de Autores Españoles*, Introduction to vol. 30, xxxvi.
54. Ibid. [黑体为笔者所加]

第六章　商业、商人和零售商

73 道德神学家们看待商业的态度，对于市场经济的发展而言，是极端重要的。在经院学者时代，不同国家、年龄和背景的道德家对商业长期抱有贬斥的态度。尽管绝大部分晚期经院哲学家发现商业活动本身无关道德，但他们将注意力转向教父和教会法学家的相关评述，对商业活动的优点作了概述。圣托马斯·阿奎那为商业利润辩护，列举了许多例子以表明商业活动会给社会带来福利。他认为有三种商业活动对社会有明确的益处：(1)保存和储存商品，(2)进口共和国必需的有用商品，(3)将富余地区的商品转运到短缺地区。[1]

承继经院哲学的传统，多明戈·德·索托研究了商业活动的积极面和消极面，对支持和反对商业道德的意见都作了概述。首先他展示了负面的意见："以货易货比商业更简单，直接交换比间接交换更简单，问题也少些。就许多国家而言，生活中没有货币人们会更幸福。"在指出商业的益处之后，德·索托将契约定义为义务，并承认契约的结果是双赢。[2]他进一步论证道，"买和卖是共和国须臾不可或缺的契约"。德·索托以亚里士多德的推论作为论据，解释说，直接交易逐渐被间接交易所取代是自然的：

74 人类从不完美向完美进步。为此，一开始，在人类还是无知的粗胚，所需极少时，以货易货足矣。之后，随着教育、文明和高雅生活方式的发展，新的贸易方式应运而生。其中，最高尚的就是商业，尽管人类的贪婪会败坏一切。[3]

德·索托同意圣·奥古斯丁关于商业的观点——商业“如同进食，是与道德无关的行为，是好是坏取决于目的和环境”，[4]并重申了他自己的结论：

商业对于共和国必不可少。并非所有省都能自给自足。相反，由于气候原因，此地产出和劳力丰裕，而彼处却捉襟见肘；反之亦然。[5]

德·索托强调，为了生存，共和国需要有那么一批人，将货物从丰裕地区转运到短缺地区。[6]

对于让公职人员来承担这一职责是否不“太谨慎”的看法，德·索托坚持认为，对贸易的这种约束不能满足人们对广泛的必需品的需求。[7]马里亚纳则由此更进一步建议道，商业应支持公益。天主让人具有群居的天性，同时也让人只具有有限的能力，为此，他会觉得自己需要依靠商业。于是，人更喜欢社会生活，享受社会合作（即分工）的好处。[8]

国际贸易

博士们在讨论中处理国际贸易的方式与其论述国内贸易的相仿。细微的差别仅在于，他们将其对国际贸易所提的公共政策建议与税收政策建议相联系。[9]晚期经院哲学家对于商业的主要贡献之一，在于他们认识到国际自由贸易是人类法律的主题之一，正如维多里亚在其著作《论印第安人和战争法》(*De Indis et de Ivre Belli Relectiones*)[10]中论述的那样。泰奥费罗·乌尔丹诺兹(Teofilo Urdanoz)在维多里亚的观点的引领下宣称，“至少，至今尚未有人认识到维多里亚关于自由交通的权利和不受约束的对外关系这一观点，代表着经济新经济自由主义和全球自由市场理论的明确发展”。[11]在描述印第安人与西班牙人之间贸易的好处之时，维多里亚宣称“土著君主无法阻止其臣民与西班牙人进行贸易”。他对西班牙君主提了同样的建议。永恒、自然、积极的人类法（万民法）支持国际贸易。放弃它将触犯黄金律。对于限制对外贸易的法律，其目的
75 是不让外国分享贸易的好处，维多里亚称其为“邪恶而违背博爱精神的”。他通过引用奥维德（Ovid）的话补充说，“人对于他人不是狼”，“自然让人们彼此联结”。[12]国际贸易应考虑各地区惯常的一般评估价格。广泛的估价差异不可使交换不公正。莫里纳论证道：

> 谴责这些以一般估价为基础的特殊地区商品的交易似乎并不恰当，即便有时由于交易参与者的原始天性和习俗会使之招致嘲笑。我们在说到蓄奴制的时候已讨论过这个问题。商品的公平价格主要基于各个地区的人们的公共评估。如果一种商品在某个地区和地方以某个价格（如果不存在欺诈或垄断或任何不公平的行为）出售，只要可能导致价格上涨或下降的环境保持稳定，这个价格应可作为一个标准和尺度，用以判断该商品在别的地区和地方的价格是否公平。[13]

克里斯托瓦尔·德·维阿隆认识到国际贸易可以降低生产成本，让从事者得益。于是，贸易可以服务于公益。“同样地，为了生活更幸福更便利，短缺某种产品的省应该向该产品丰裕的省购买。这让人们以较低的成本和劳力获得该商品，并幸福快乐地享用。”[14]

胡安·德·马里亚纳表明，“征收适度的税便于保护国际贸易”。他认为“贸易的目的和本质”在于促进人们所需的商品易于交易，他指出，“商品的价格越高，购买的人就越少”。于是，马里亚纳建议，实施某些政

策以使进口商品保持低价。[15]

在巴脱罗梅·德·阿尔伯尔诺兹看来，与外国商人交易是“人类之间最自然的(契约)”。此外，他还宣称：

> 它更稳定，比民法的其他部分更少变化和改变……买卖是支撑人类生活整体的神经。有了买卖，世界得以相互联系——连接相隔的土地和国家，以及语言、法律和生活方式不同的人民。如果没有这些契约，有人短缺而有人丰余，人们就不能让短缺者共享在他们却是多余的物品。[16]

阿尔伯尔诺兹列举了许多例子——野蛮民族之间、东西印度群岛之间的国际贸易，其结论是，不仅不同国家之间而且在西班牙不同的省份之间都存在着不同的生产方式。他同意锡耶那的圣贝尔纳迪诺的看法，在某处丰裕、低价的，或许在另一处却是必需、稀有而昂贵的。[17]圣贝尔纳 76
迪诺让商人承担这样的责任，“将货物转售到那些短缺地区，有时其回报(作为对价的)是他们(那些国家)盛产的物品”。[18]

据此，一些年后莱西奥作如下推测也就不奇怪了：

> 如果在毫无原因的情况下，地方行政官驱逐了外国销售商，并且由此导致相关商品价格上涨，他们必须对由于价格上涨而受到损害的公民进行补偿。[19]

注释：

1. Saint Thomas Aquinas, *Summa Theologica* (London: Blackfriars, 1975), 11-11, q. 77, art. 4.
2. “我给你这些货，你给我这些钱，而这不是一个简单的等式。” Domingo de

Soto, *De Iustitia et Iure* (Madrid: IEP, 1968), bk. 6, au. 11, art. 1, fol. 193。

3. Ibid.
4. Ibid. , art. 2, fol. 194.
5. Ibid.
6. “我们说不同的地方(不同省份),也可以说不同时间。某人可能一时盆满钵满,彼时却捉襟见肘。如果无人对此担责调整,国家岂能无灾无害。” Ibid.
7. Ibid.
8. “在人类的父亲、创造者天主看来,没有什么比人类彼此的慈善和友谊更珍贵的了,除非人们相聚一处,遵循相同的律法,珍惜和培养彼此的感情就是不可能的事情……他让人有了对此的想望和趋之若鹜的必然性,尽管他们缺衣少食,将遭受许多危险和痛苦……尽管天主给了其他动物食物和皮毛,给它们尖角、利齿、指抓的武装抗拒外力,飞毛腿以逃避危险,但他仍孤注一掷,好像在海难中丧失了一切……其他的生命一如起初,表明它们无论作为个体还是小群体都缺乏自给自足的能力。精梳、纺纱以及布纺、毛纺和丝纺包含了多少工作和产业……无论一个人能活多久,穷其一生都无法掌握,除非许多人的好奇心和观察、集体的经验都来帮忙。”Juan de Mariana, Del Rey y de la Institution Real, chap. 1, 引自 Bernice Hamilton, Political Thought in Sixteenth-Century Spain (Oxford: Clarendon, Press, 1963), 32.

77 9. 进口和出口税似乎不算太高(12.5%)。Leonardo Lessio, *De Iustitia et Iure* (Antwerp, 1626), lib. 2, cap. 32, 404。绝大部分中世纪学者都建议对进口奢侈品比其他商品征收更高的税。其理由主要是出于财政和分配的目的(比如,对进口食品征税将大大降低贫穷工人的生活水平)。

10. Francisco de Vitoria, *De Indis et de Ivre Belli Relectiones*, ed. Ernest Nys (New York: Oceana, 1964), 153.
11. Father Teofilo Urdanoz, *Sintesis Teologico-Juridica de las Doctrinas de Vitona*, in Francisco de Vitoria, *Relectio de Indis o Libertad de los Indios*, *Corpus Hispanorum de Pace*, vol. 5, critical edition by L. Perena and J. M. Perez Prendes, introductory studies by V. Beltran de Heredia, R. Agostino Lannarone, T. Urdanoz, and A. Truyol y L. Perena (Madrid: Consejo Superior de Investi-gaciones Cientificas, 1967), CXL. Father Teofilo Urdanoz, *Sintesis teoldgicojuridica de las Doctrinas de Vitona*, in *Francisco de Vitoria*, *Relectio de Indis o Libertad de los Indios*, *Corpus Hispanorum de Pace*, vol. 5, critical edition by L. Perena and J. M. Perez Prendes, introductory studies by V. Beltran de Heredia, R. Agostino Lannarone, T. Urdanoz, and A. Truyol y L. Perena (Madrid: Consejo Superior de

Investigaciones Cientificas, 1967), CXL.

12. Francisco de Vitoria, *Relecciones Sobre los Indios*, in *Restituto Sierra Bravo*, *El Pensamiento Social y Economico de la Escolastica* (Madrid: Consejo Superior de Investigaciones Cientificas, 1975), vol. 2, 622, and in *De Indis et de Ivre Belli Relectiones*, ed. Ernest Nys (New York: Oceana, 1964),153.
13. Luis de Molina. *De Iustitia et Iure* (Moguntiae, 1614),169.
14. Cristobal de Villalon, *Provechoso Tratado de Cambios y Contrataciones de Mercaderes y Reprobacion de Usura* (Valladolid: Francisco Fernandez de Cordoba, 1542), fol. X.
15. Mariana, *Del Rey*, 550.
16. Bartolome de Albornóz, *Arte de los Contratos* (Valencia, 1573), chap. 7,29.
17. Saint Bernardino of Sienna, *Opera Omnia* (Venice, 1591),311. The text in Latin reads: "*Quia quod in una terra est abundans et vile, hoc idem in alia terra est necessanum, rarum et carum.*"
18. Ibid., 62.
19. *Sicut si Magistratus sine causa excluderet alios venditores, et ita mercium tuarum pretium valde excresceret teneretur ille civibus compensare damnum illius incrementi*" Lessio, *De Iustitia*, 280.

第七章　价值与价格

79 价值和价格是经济科学的基本概念。在很多方面，不同流派的经济学思想是由他们对价值和价格的理解所决定的。令人惊讶的是，几乎所有的现代价值和价格理论都在中世纪经院学者的著作中出现过。西班牙经院哲学家分析价格和价值，旨在了解公平价格和交易的道德条件。在此过程中，这些中世纪思想家所建构的价格和价值理论与新古典主义的模式颇为相似。许多当代经济学学者普遍反对R. H. 陶尼(R. H. Tawney)五十多年前所说的话："劳动价值论是阿奎那学说的嫡传。卡尔·马克思是最后一位经院学者。"[1]

效用概念作为经济价值的基础，在西方思想中非常重要。说起这种因果关系可以追溯到古希腊作家的作品。色诺芬(Xenophon)写道："财产就是对维持生计有用的东西，有用的东西原来就是所有我们知道如何使用的东西。"[2]他还指出，"财富就是人们从中可以获利的东西"。[3]在苏格拉底的这位门徒看来，对于不知如何使用的人来说钱也不是财富。[4]

在这方面，中世纪经院学者从亚里士多德的教导中推导出他们的戒条。由于其术语有两种译法，亚里士多德这方面的意见成为两股思潮的源头。在《尼各马可伦理学》(*Nicomachean Ethics*)中，他使用了希腊词
80 *chreia*，它通常被译为拉丁文 *indigentia*(need，需要)，然而，它也可被译为 *utilitas*(use，使用)。[5]经院哲学家通常在第一种翻译的意义上使用该

词，表明物品的价格不是基于其本性，而是基于其符合人类需要的程度。亚里士多德写道，欲求是人类商业的原因和尺度。如果无人需要货物和劳力，产品的交易就会停止。[6]

圣奥古斯丁在《上帝之城》中，将某章节的标题定为："由效用和逻辑大小决定的造物的不同及其地位的差异。"他的评述成为经院学者研究这一主题的出发点。经院学者尤其研究下述段落：

> 在那些以各种方式存在且与其创造者上帝不同的事物中，有生命的高于无生命的；有繁殖力的，甚或有繁殖欲望的，高于无此冲动的。在有生命的事物中间，有感觉的高于无感觉的，动物高于树木。在有感觉的事物中间，有智力的高于无思维能力的——人类高于牲畜。在有智力的事物中间，不死的高于会死的，天使高于人类。

以及，

> 这是以自然秩序为依据的等级，但存在另一张等级表，它以效用作价值判断的标准。在这张分层表上，我们会将一些无生命的事物置于有某些有感觉的生物之上——甚至，如果我们有权力，要么不知道它们在自然界中所占的地位，我们会准备将它们消灭，要么知道了，但还是让它们服从我们的需要。比如，所有人不是喜欢家里有食物而不是跳蚤吗？对此不必惊异，因为同样的标准我们也用在人类身上，用于判断一个人的确切价值。一匹马的价格常会比一个奴隶高，一件珠宝的价格也往往高于一个女仆。
>
> 于是，在理性的权衡——自由的判断——与需要的强制力或欲望的诱惑之间存在着巨大差异。理性的权衡根据万物自身的优劣来确定其重要性的高低，相反，需要则只考虑其自身的利益。理性追求真理，真理会向受启的理智展现；欲望则对迷人的感官享受兴

致勃勃。[7]

由此，晚期经院哲学家断定，我们对物品价值的判断基于我们从它们身上获得的效用。因为我们的需要是主观的，因而效用也是主观的。在论证价值的过程中，圣大阿尔贝特，及后来的圣托马斯，将“一般估价”（common estimation，在罗马法学家保罗[Paulus]的著作中已经出现）因素也考虑了进来。[8]

在经院学者中，奥利维（Olivi）是第一个论及客观和主观效用与短缺的关系的。由于有异端的嫌疑，他的著作大部分被焚毁，因而他的论述
81 未能完整保留下来。其躲过宗教审查而得以幸存的极少数著作的一个复本的页边上，有圣贝尔纳迪诺手写的评论。[9]圣贝尔纳迪诺在著作中宣称：

> 事物有两种价值：其一是自然的（客观的），其二是基于用途的（绝大部分基于主观效用）。销售的物品属于后一种价值。这种使用价值（或使用中的价值）可以认为来自三个方面：
>
> 1. *Virtuositas*（客观使用价值）
> 2. *Raritas*（短缺）
> 3. *Comlacibilitas*（希求）[10]

在讨论客观使用价值对价格的影响时，晚期经院哲学家通常会提到，源于类似产品的分离的效用。正是由于不同的**客观效用**，好麦子的价格比坏麦子的要高，好马的价格也要高过不能生产的老马。[11]

圣贝尔纳迪诺对短缺影响价格的解释解决了价值悖论：

> 在富余的地区，水通常很便宜。但在山上或其他地区，有可能水是稀缺的。很有可能会出现水比黄金还贵的情况，因为该地黄金

> 比水更为充裕。[12]

第三个因素——希求——通常被视作与一般估价相似。经院学者认为，人们从不同事物中获得的快乐是主观的，源自易变的人类的看法，因此“青菜萝卜各有所爱”。[13]他们承认，决定定价的因素不是个别的**希求**而是一般的**希求**。

圣安东尼诺有着基本类似的价值理论。或许因为被视作萨拉曼卡学派和西班牙经院哲学的创始人的弗朗西斯科·德·维多里亚非常熟悉安东尼诺的《论集》(*Summa*)，他的著作对晚期经院哲学著作的影响巨大。所有影响了维多里亚的作者（康拉杜·苏门哈特、西尔维斯特·德·普利埃罗和卡吉坦）都持有类似的价值理论。[14]卡吉坦的价值理论注入了主观因素。他将公平价格定义为“在某个地点，以某种方式出售（公开拍卖，通过中间商等等）的”物品的一般偿付价格。[15]为此，他总结道，如果一间屋子值4000块却只卖了1000块，“我们说1000块是公平的价格，因为没有买家准备出更高的价”。[16]西尔维斯特详细分析了估价问题，[17]而康拉杜·苏门哈特的分析则涵盖了客观使用价值、短缺和希求三个因素。[18]

公平价格理论 82

为使其价值理论讨论完整，经院学者通常会附加对于价格的分析，有时他们将价值和价格当作同义词，有时又将它们作为稍有差别的术语。这造成了一些混淆，但一般而言，说他们的价格理论源于其价值理论并无不当之处。经院哲学对公平价格的定义是由市场中的一般估价决定或设定的价格。[19]这一定义影响深远。一百五十年后，维拉罗博斯评述道：

> 源于一般估价的事物的价值，不会因某个个人的知识而减

> 少……源于物品充裕……或源于商品短缺的价值，是商品的外在价值。只有通过一般估价，其价格才会变化。了解这一点是值得的。[20]

康拉杜·苏门哈特对影响价格的因素作了最全面的分析，列举如下：

1. 商品充裕或过多。
2. 意外现象（诸如黑死病）。
3. 生产者的能力和生产力（产能）。[21]
4. 物品的用途（是否可以用于生产别的物品，以及运输的方便程度）。
5. 生产商品地区的贫穷。
6. 短缺（*raritas*）。（他指出短缺可以使具有相同特性和“贵重度”的货物的价格发生变化。）
7. 希求。（对某种物品的欲求，或者由该物品获得的愉悦程度。）[22]
8. 正直的人的忠告。

康拉杜提出一个观点，即公平价格并非个体的（不存在单人的公平价格），事物被合法出售的价格就是其所值。[23]

弗朗西斯科·德·维多里亚也有类似的表示：

> 源于这一原则，无论在何处，某种可售商品，分别有许多买家和卖家，应该考虑的既不是该物品的本质或它的售价——即它有多贵，也不是得到它要费多少辛劳和周折。彼得出售小麦时，买家需要考虑的并非彼得花了多少成本或多少劳动，而是这些小麦的一般估价是多少。如果按照一般估价，一蒲式耳小麦值4枚银币，而有人出3枚买，这对卖家就是不公平的价格，因为一蒲式耳小麦的一般估价是4枚银币。同样地，卖家考虑到自己的花费和劳动，定了
> 83 更高的价格，那他是在不公正地出售，因为**他应该按照市场一般估价出售**。关于这个问题，你可以读读康拉杜，在其著作《论契约》（*Contractibus*，q. 56，conc. 1，2）中，他确立了推导物品公平价格和价

值的15条考虑。但他也同意，这些考虑只是在依人们的一般估价制定出价格之前才有效有用，因为一旦价格已按一般估价定出，它理应得到尊重。[24]

在指出影响不同物品（一张桌子和一个人）的价格的不是其本质而是一般估价和一般看法之后，维多里亚重申了圣奥古斯丁和圣托马斯·阿奎那关于生物（自然地位高，价格低）和非生物（自然地位低，但有时价格高）的价值的论述。在宣称"当有许多买家和卖家的情况下，你不必考虑货物的本质或它的花费"的同时，他补充道，"必须按市场中的一般估价，按市场价格（*a como vale en la plaza*）出售"。维多里亚也将这一法则应用于有众多买家和卖家的物品，他解释道，既然这样，公平的价格源于"排除了任何欺诈和欺骗的人们的一般估价"。他指明，小麦、葡萄酒和服装都应以此方式定价。尽管一些分析家推断，维多里亚的意思是，公平价格等于充分竞争下的市场价格，[25]但在得出这一结论之前，我们必须特别小心。"充分竞争"是一种思想架构，在今天有着极为特殊的含义。它要求一些非现实性的假设。经院哲学家的竞争概念更近于"自由准入"(free-entry)假设而非充分竞争假想。在晚期经院哲学家看来，垄断者定制的价格，在某些情况下，也是公平价格。[26]对于缺乏竞争的状况，一些经院哲学家建议设立法定价。其中，维多里亚、巴涅斯、梅迪纳和加西亚则规定，在此情况下，应采用成本价利润定价法（cost-plus pricing）。[27]

科瓦卢比阿斯借用康拉杜·苏门哈特的《论契约》中的一些观点，他宣称在公平价格确定中起决定作用的，不是事物的本质而只有人类估价，即便这一估价是疯狂的。[28]马乔里·格瑞斯—哈钦森翻译了以下段落：

物品的价值并非基于其基本性质而是取决于人的估价，即便这一估价是愚蠢的。为此，在西印度群岛，小麦的价格比西班牙的高，因为人们的估价高，尽管小麦的本质特征在两地是相同的。[29]

路易·德·莫里纳的文章是西班牙经院哲学中公平价格理论的最佳概述之一：

84 首先，应该看到，判断某物的价格是否公平并不基于其自然本质——这将引导我们根据其贵重或完美的状况来决定其价值，而是取决于它们符合人类使用的能力。它们正是以此方式为人所评价，由此它们也就在市场和交换中定立了一个价格。而且，这也是天主将事物交给人类的目的，并且，为了同一个目的，人类将所有事物进行了分配，尽管在它们被创造出来的那一刻是属于所有人的。我们刚才所描述的这一切，可以解释为何老鼠按照其本质比小麦更高贵，但却不受人尊重或欣赏。原因在于，它们对人类毫无用处。这也解释了，为何一栋房子可以公平地卖得比一匹马甚至一个奴隶贵，即便根据其本质，马和奴隶比房子高贵得多。[30]

莫里纳的著作清楚地反映了奥古斯丁式的推论。圣奥古斯丁的理论可以被解释为，物品应该根据其满足人类需求的客观效用决定其价值（老鼠毫无价值，是因为它们基本上对人类毫无用处）。如果莫里纳的描述止于此，依然可以有理由说他持有一种客观价值论。然而，在下一段文字中，他解释道，其所说的效用，指的是主观效用：

其次，我们应该看到，物品的公平价格并非按人们赋予它的效用确定，似乎在其他情况均相同的条件下，物品被赋予之用途的本质以及对这一用途的需求决定了价格高低……价格取决于每个人对物品用途的相对评价。这解释了为何仅用于装饰的珍珠的公平价格高于大量粮食、葡萄酒、肉、面包或马匹，即便这些（在本质上也更高贵的）物品的用途比珍珠更便利、优越。为此，我们可以得出结论，一颗珍珠的公平价格基于一些人想要赋予其作为装饰品的价值。[31]

在珍珠这个例子中，

> 显然，珍珠的公平价格既非源于其本质也非其效用，而只是由于日本人喜欢，且以此方式估价。[32]

胡安·德·卢果指出，即便人类的估价看起来站不住脚，但依然有效：

> 价格波动并非因为货物的内在、本质的完美——因为老鼠比谷物完美，但价值却低——而是由于其符合人类需求的效用，因此只
> 能基于估价；在家中，珠宝远不如谷物有用，但价格却要高得多。我 85
> 们不能仅考虑节俭的人的估价，还要考虑那些不节俭的，如果在某地后者足够多。这就是为什么我们的玻璃小玩意在埃塞俄比亚可以公平地换到黄金，因为它们在那里普遍地更受欢迎。在日本人那里，一些对我们来说一文不值的铁制和陶制老物件，价格极高，因为那是他们眼中的古董。公众的估价，即便有时愚蠢，抬高了物品的自然价格，因为价格源自估价。买家多、钱多，会抬高自然价格，反之则降低价格。[33]

梅迪纳在解释人类估价和事物价值的关系时宣称，在其他情况均相同的条件下，估价越高，事物的价值就越高，反之亦然。[34]弗朗西斯科·加西亚断言，尽管物品的质量影响其价格，但我们不应混淆价值与质量：

> 显然，我们发现事物价格会变而质量则不变。考虑一下一本书的例子。对于某人来说，这本书很有价值，很值钱；对另一个人来

> 说，它的价值低一些，而对其他人来说，它一文不值。所有产品都有类似情况。[35]

“价格反映人类的看法”，因为每个人对事物的评价和估价，与其对这些事物对人类有用程度的看法相一致。加西亚将物品的质量定义为“事物内在固有的东西”，而宣称价格“是外在的，基于人类的估价和判断的”。[36]他指出“价格全然由人类的看法决定”。[37]

这些段落的含义很清晰，毫不含糊。经院哲学家认为，交换价值基于使用价值。然而，这一使用价值不是一种客观尺度。博士们发现，没有客观途径可以确立公平价值的标准，因为效用与消费者的情绪和喜好（希求）的关系比其与事物本身满足人类需求的内在能力（客观使用价值）的关系更密切。为此，经院哲学的价值效用理论必须被理解为主观的。事实上，经院学者是 19 世纪晚期“发现”主观价值理论的经济学家的先驱。

价格控制和法定价格

与“只要交易合法，物品所值就是其出售的价格”这一理论相一致，许多经院哲学家断定，当局对于某些产品，尤其是那些处于垄断或买家、卖家都极少状况的“必需品”，可以制定法定价格。[38]然而，一些经院哲学者则反对武断的价格规定，认为这只会造成更大的损害。雷蒙德·德鲁沃尔对他们的观点作了一番总结：

86 > 晚期经院哲学家坚持认为公平价格由共同体设定。此中可有两种方式：市场的讨价还价，或者价格法令。后者就是法定价格，与“自然价格”相对，而自然价格由“一般估价”，即市场估价所决定。[39]

然而，为了达到公平，经院学者指出，法定价格应该与市场价格近似。公平的自然价格必须由不存在欺诈、强迫和垄断状况的一般估价所确立。为此，法定价格和自然价格均应源于公平价格。晚期经院哲学家的结论可以下图说明：

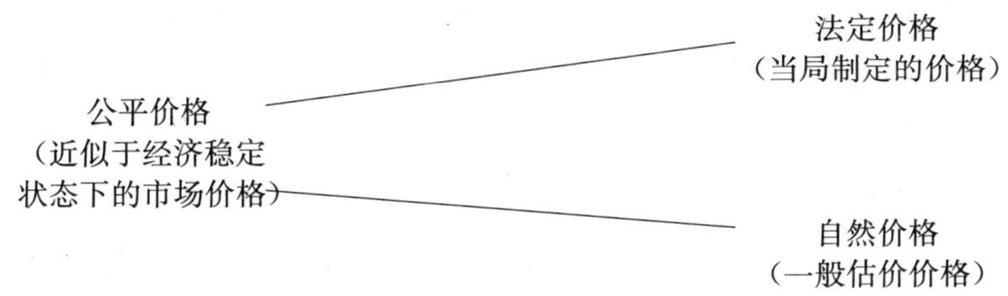

尽管如此，他们认识到不可能指定一个单一、自然而公平的价格。道德家们或可针对整体的价格幅度确定一个限制范围。经院学者认为，从法律的角度看，该范围应非常宽松；而从道德的角度看，则应该更严格。他们论述道，如果法律规定卖家的定价不得高于平均公平价格的50%，那么也应同时规定买家的买入价不得以低于平均公平价格的50%。莱西奥举了一个例子来说明。如果某件物品的公平价格是10元，那么，从法律的角度看，其最高价为15元，最低价为5元。从道德的角度看，其价格或可为11元（严苛价[the rigorous price]）、10元（中间价[the medium price]）和9元（底线价[the infimum price]）：[40]

道德的角度	**法律的角度**
严苛价：11	最高价：15
中间价：10	中间价：10
底线价：9	最低价：5

胡安·德·卢果指出，由于环境和成因各不相同，大多数博士都同意，“建立一个定则是不可能的”。[41]

晚期经院哲学家从未质疑过政府当局设定“公平”价格的权利，[42]但 87
他们质疑这种价格规定行为的便利性。按照经院哲学家为私有财产所作的辩护，是**人类法律**决定某物的所有权。只要不违法，物主可以自由地使用他的物品。人类法律也赋予国家限制财产使用和占有的权利。税赋是最明显的例子,它不仅是对部分财产使用的限定,而且是出于支撑“整体”(王国及其法律体系)的需要而对财产所做的一种威权式的充公。由于国家以税收方式拿走的财产,个人根本无法再使用,因而,经院学者可以合乎逻辑地推论,如果政府有权没收财产,那它也就有权限制财产的使用。但这并不意味着所有晚期经院哲学家都宣称君主可以方便地制定价格。[43]

欲使法定价格公平,必须考虑许多因素。胡安·德·梅迪纳警告说,从卖方角度(即供货方)看,开支、劳作、照料、勤劳以及运输和储藏中的冒险和危险必须是重点考虑的。而从买方角度(需求方)看,值得考虑的要素在于希求、效用和预计的买方数量。就物品本身而言,最重要的要素是短缺、富余、土地肥沃或贫瘠,以及物品质量下降了还是提高了。梅迪纳总结道,当以此方式定价时,谨慎的商人不仅要收回成本,而且必须能由此补偿其花费、劳作和风险。而且,他指出,这些因素对价格的影响不是静态的,它们会变化。由于花费、劳作和风险可能随时间变化而上升或下降,因而时间是一个重要的因素。物品也会变化,其本质属性(变好或变坏)和短缺状况都会变。对某种物品的需求会波动,买家和卖家的数量也会变,人们对其的估价也会变:

> 我们都有这样的经验,如果你问某人某物的价格是多少,张三说 10 元,李四王五说 12 元,但还有些人说并非如此,正确的价格既不是 10 元也不是 12 元,而是 8 元或 9 元。[44]

这些因素无法根据任何个体买家或卖家的遭遇进行推断或确立。要考虑的不是个别的希求或个体的判断,而是一般的估价。为此,中世纪经院学者宣称,在天下饥馑之时面包要高价(*quantumcunque precium exigere*),或者瘟疫遍地之时医药要高价,都是合法的。[45]

梅迪纳就此批评了邓斯·司各脱法则(Duns Scotus' rule)，即价格始终应抵偿成本。[46]梅迪纳宣称一般估价无需考虑卖家所花费的成本，并进而指出，商人所要承担的风险(这是“正当”生意的本质特征)之一即是既 88
可能赚钱也可能亏本。换言之，梅迪纳明确提出，“如果你想做好生意，就必须认识到有时你会亏本”。[47]这并不意味着卖家不可以采用成本加利润定价法来定价。梅迪纳宣称，如果物品由**效用决定其价值，一般估价**决定其价格，而此价格符合买家价格抵偿其成本的要求，那是既合法也公平的事情。一般估价确立公平价格。因为人类的估价不断变化，所以不存在所谓**独一无二**的公平价格。

西班牙经院哲学家认识到一般估价在价格确定中的意义，以及由此产生的对利润的重要性。他们还注意到，企业家和商人在开展工作时所要承担的可观的费用，转而将影响价格。卡吉坦直言不讳地宣称，“商人无需提供免费的服务”。[48]

莫里纳以“国王无权行非理性和不公平之事”这一原则作为理论基础，批评专断的价格规定。他假设，如处在小麦严重匮乏的情况下，君主希望其价格仍与富足时相同，规定了一个非理性、不公平的价格：

> 不能因为要求小麦在匮乏时期与丰足时期卖一个价便于公益，就可断定该行为是正确的；也不一定就能断定，以此行事，穷人将没有负担，易于买到小麦……我坚持认为这是不合理的。[49]

首先，莫里纳讨论公益问题。如果正义和公平要求价格上涨，附带地伤害到了穷人，他们的利益必须由别的手段加以保护：“他们必须由救济行为而非贱卖行为(意味着放弃最高价)来帮助。”[50]他的第二个观点是一旦高价威胁到了穷人，通过将价格规定在合理的最低价之下来惩罚卖方是不公正的。事实上，这种行为帮不了穷人。

> 尤其是因为我们知道在短缺和饥馑时期，穷人几乎不可能以官方价格买到小麦。相反，能以官价买到小麦的只有掌权的和当官的（公务员），因为小麦的主人无法拒绝他们的要求。[51]

第三，莫里纳补充道，共和国用于公益的花费必须由全体公民共同承担。“只让小麦的主人来挑这份重担是不公平的。”他的第四个观点是，在短缺时期，农民通常要花费更多的成本，而制定法定定价一般很难让他收回成本。莫里纳认为，这有违公平。

89 莫里纳推断，如果国家控制价格而不是让价格随供求关系上涨或下降，农民会受到很大伤害。莫里纳整个分析假设了一种自然价格的存在，这在本质上与19世纪古典经济学家定义的责任价格非常相像。他说一个自然公平的价格即便法律也无力改变。莫里纳强调，在短缺时期，不应该强迫人们按当局在丰足时期指定的价格出售物品，因为他们可以认为，君主不会有意地让丰足时期颁布的法律在短缺时期同样有效。另一方面，如果这“的确是君主的意愿，那么这条法令就是不公正、不合理的，在良心上不具约束力”。[52]

马里亚纳持类似观点。他找出好多理由，并且以过往和现实的经验为基础，宣称价格控制是极不合适而有害的。马丁·德·阿兹皮尔库埃塔则宣称，根据所有博士的意见，一项不公平的官方价格“不具约束力”。因为不公平的官方价格会引发许多大罪，人们在“上帝面前以公平的价格出售其物品，尽管其价格超过了官方价格”，是没有罪的。在他看来，自然的公平是唯一的限制。[53]

维拉罗博斯引用逻辑方面的理由反对价格规定：

> 我认为，不给小麦定一个官方价格（*tassa*）才是良策，这在许多地方都没有造成有害影响。里贝罗（Rebelo）说，如果在里斯本小麦有一个官方价格，那么所有人都得饿死。我之所以这么说，正如我

> 们大家都可以看到的，在便宜的年份，规定最高价没有任何用处。在一般的年份也是如此，因为小麦的价值（价格）达不到最高价，价格的高低取决于丰歉的程度。在昂贵的年头，尽管有固定价格，但价格总会因这个或那个原因上涨，并且按官方价格你买不到一粒麦子……如果你能弄到，那一定是靠着层出不穷的欺诈手段。另一个原因就是，在小麦歉收之年，在农民的生产成本更高，小麦的一般估价也更高之时，强迫农民以官方价格出售小麦，看起来是伤农之事。[54]

在许多晚期经院哲学家看来，法律设定的物品价格没有绝对的价值。维拉罗博斯宣称，在短缺时期，人们不必受良心的约束按官方价格出售。他指出，这个观点得到了普遍的赞同：

> 胡安·德·马里亚纳、纳瓦鲁斯、里贝罗、莫里纳都这样说，莱德斯马宣称，这一观点源于耶稣会会徒。它基于这样一个事实，即要使价格公平，它必须合理，如果它明显低于一般估价所确定估价，那就是不合理的。而如今发生的事就是这样。[55]

为确保价格“公平”，一般估价将确立公平价格；否则，“小麦的主人 90
将遭受重大损害”。维拉罗博斯随后引用了莫里纳的话：

> 一旦严重短缺情况发生，君主却希望小麦仍按丰足时期的合理价格出售，那该法令是非理性、不公平的。[56]

此刻这位方济各会作者再次断言，“出于公益需要”不能作为君主如此定价的藉口。维拉罗博斯唯莫里纳马首是瞻，[57]同样认为经济问题中的这类判断是见仁见智的：

> 任何人都可以按其意愿行事，尤其是那些有更多根据的，因为这样更具有信性。[58]

价格与平等

判断某次交易是否公平，经院哲学家必须确认该交易是不是在自愿的情况下进行并完成的。他们经常引用亚里士多德的格言“谁都不会自愿忍受不公正的待遇”[59]，其价格理论也遵循同一理由。[60]维多里亚阐述道，交换中的公平和合法

> 以一种普遍、确定的原则为基础，那就是我没有义务免费地、不牟利地造福和取悦我的邻居，即便我这样做无需任何成本和劳动。(如果他请我跳舞，我说你不给我一块钱我就不跳，我可以在任何情况下也这么说。)[61]

维多里亚认可两种例外：精神福祉和消费借贷(*mutuum*)[62]。每个人都是其财产的法官和仲裁人。[63]维拉罗博斯指出，强迫某人“为某事付钱，却又不让他得好处”是有违公平和理性的。[64]如果某人从事一项交易，他出于自愿当然是题中应有之义。阿尔伯尔诺兹认为，公平交易不能有外力强迫，

> 因为只要人们强迫某人出售其财产，哪怕他们的出价10倍于其价值(指时价)，他们仍未按实付价，因为在他心目中其财产的价格比他们的出价还要高。采取这样方式，价格就是不公平的(正如我们看到的，法定价格就包含着这种行为)。如果强迫某人买下他不要的东西，即便给出的售价比时价低10倍，情况也是如此。[65]

91 晚期经院哲学家将发生在强迫、欺诈或无知状况下的交易均看作是

非自愿的。[66]加西亚特意说明，强迫可以是明显的，也可以是含蓄的。当一位法官判决被告应放弃其财产以补偿所犯之坏事，那他是为了实现正义而明确采用强制力。加西亚表明，明确的强制恶行更多的是源于个人的行为而非司法体系。他声称，含蓄的强制可以采取垄断（国家指定某人享有专卖，其他人不得销售）或囤积居奇（不让别人买到）的形式。加西亚规定，两种含蓄暴力形式显然都是不公平的。[67]他宣称，存在欺诈行为的交易也是非自愿的，欺诈涉及范围包括产品的实质、数量或质量。无知涉及的范围也包括上述方面。加西亚将其理论概括如下。[68]

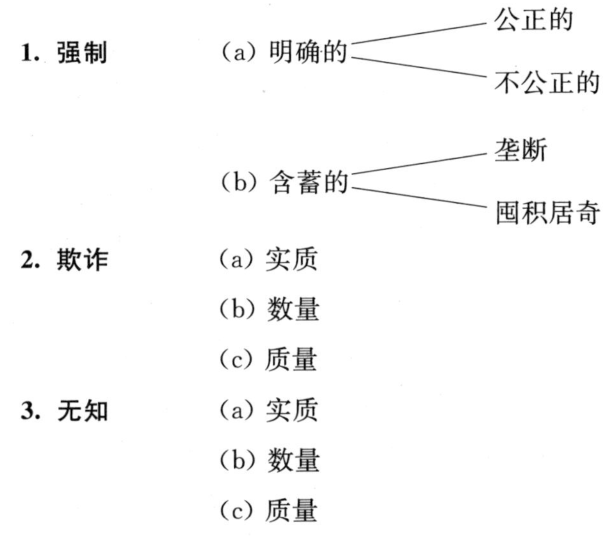

加西亚解释道，在契约中，“买家和卖家都得益（获得效用），因为后者需要前者的钱，而前者需要后者的商品。为此，所有这些物品都是对于对方的回报”。[69]

经院学者断定，强迫、强制、歪曲和信息不充分都会破坏公平交易。为此，它们都不公正。交易的每一方都获得了相应的效用，公平也就得以实现。许多历史学家认为，经院哲学的价格理论的精髓就是“交换中
互惠”的概念。在亚里士多德主义的思想中，交易后双方享有的财富与 92
之前一样，“交换中互惠”便得以实现。用圣托马斯·阿奎那的话来说，

就是“任何交易的目的就是双方互惠互利，其结果就是彼此的境况更胜先前”。[70]

德·索托将亚里士多德的术语“交换中互惠”解释为，公正不是在仅以一种物品交换另一种物品（鞋子与房子）之时，而是在某人以足够的鞋子等价于房子价格进行交换时才得以实现，因为物品的价值（价格）不同。[71]阿尔伯尔诺兹的解释则是，卖家财富增加的总量与买家的相同。这一总量相当于价格。[72]为此，价格只有体现平等才公平。

捐赠

捐赠在经院哲学的经济学里扮演了重要角色。任何人只要对某物拥有无瑕疵的产权就可以随意将其送给别人。[73]如果某人拥有某物的产权也就拥有其使用权，他可以转让该物本身或其使用权。[74]赠品，也就是慷慨的转送或捐赠，在基督教伦理中是最基本的要素。圣贝尔纳迪诺将捐赠定义为“人们的慷慨行为，转让物品而不求任何回报”。[75]在捐赠的情况中，公平价格问题不会出现——效用或平等问题也无关。

经院学者规定，一个买家在完全知情的情况下特意支付远高于市场一般价格，是为交易本身添加了捐赠的成分。当他是非常自由地这样做的时候，这种混合捐赠（*donationis admixtœ*）是完全合法的。胡安·德·梅迪纳断言，当买家支付远高于定价，并且这是他自由的捐赠意图，我们就不能说这是一种纯粹的买卖。[76]梅迪纳详细阐述了关于确定捐赠的三条法则：

1. 买家必须是一个有智力的人（聪慧的），对物品的市场价格是了解的。

2. 卖家确定无疑地没有在商品的售价上说谎。

3. 该物品对买家而言并非必买不可。[77]

符合这些条件，以超出公平价格限定的价格出售该物品是合法的。

价格和知识

尽管晚期经院哲学家主张无知可能会造成非自愿的交易，但他们也论证了利用自己的知识或别人的无知牟利的正当性。比如，在不知情的情况下出售问题产品不构成欺诈，但买家可以宣布他并不愿意购买这样 93
的产品。

为了证明利用市场知识牟利的正当性，经院哲学家通常会重提圣托马斯·阿奎那所讲的一个商人的例子：他知道未来某种货物的供货量会增加，因而在新货来到之前便出售其库存。他们还引用《创世纪》第 41 章，其中消息灵通的若瑟〔1〕劝法老“贮藏食量”以备荒年。于是法老通过低价收购、高价卖出赚了不少钱。[78]经院哲学家断定，知识不应该受到惩罚。他们进而指出，一个人的知识或无知改变不了“公平价格”。市场中货物的丰足或短缺才能改变“公平价格”。某个个体或可掌握有关未来出货量、储备量、立法或币值变化的特殊知识。甚至这些影响因素已开始生效，但如果公众依然懵懵懂懂，聪明的卖家可以利用他所掌握的信息牟利。莱西奥论证道，如果法律不允许聪明的卖家以时价出售，那么“根据同样的原因，买家也不允许在知道未来价格将上涨的情况下以时价买入，这也是错误的”。[79]

垄断理论

许多晚期经院哲学博士将垄断(monopoly)问题与公平价格问题放在一起研究。米盖尔·萨龙和路易·德·莫里纳[80]根据词根定义垄断：mono(源于拉丁语，意为“一”)，而 polium(源于希腊文 pola，意为“销售”)。莫里纳推断，在严格意义上，当“一人或多人获得一种独家销售某物的特权”[81]时，垄断就出现了。尽管这一定义意味着垄断源于特权，且

〔1〕和合本作约瑟。

特权只能由政府赋予，但经院学者还谈到了其他类型的垄断。莱西奥区分了垄断的四种类型：由共谋构成的，君主颁布的，靠囤积居奇的，靠进口限制的。[82]企业家和工人可以通过共谋来建立垄断地位。经院学者对两者都持批评态度。他们尤其抨击工匠间的某些协议：一项工作由谁开始别人就不能接手完成，或者，除非达到约定工资则拒绝开工。[83]

经院哲学家认为由公共当局出于公共利益的目的而设立的垄断是正当的。他们举了作者和印刷者劳动的收益归公的例子，表明他们赞同现代《版权法》的立法。莱西奥详细说明了如果君主有足够理由，可以同
94 意某种排他的特权。[84]在此状况中，以全面研究为基础的审慎判断，有助于鉴别公平价格。[85]莫里纳认为君主允许的有些垄断是正当的，他说："如果国王可以要求臣民为……公益作贡献，那他同样可以令其承受垄断的负担，只要这种负担是适度的。"[86]

在经济伦理方面，莫里纳论证道，国王或共和国以损害其臣民的方式同意某种特权，这是在道德上犯罪，那些要求这类特权或使用这类特权的人同样有罪。这种特权侵犯消费者从售价最便宜的卖家那里买东西的权利。它们也侵犯了其他潜在供货商的权利。于是，莫里纳总结道，君主和那些从这种特权中得益的人都有义务补偿买家和卖家的损失。[87]莱德斯马宣称"许多垄断都以此种方式存在"[88]，莱西奥则补充道，那些君主弄出来的并非公益所需的垄断或允许某些邪恶特权的垄断，将损害公民，限制他们的自由而无益于共和国。[89]马里亚纳也谴责了那些由君主设立的未经人民同意的垄断行为。在他看来，君主没有合法的权威以非正义的方式征用臣民的部分财产。[90]

有时经院哲学家会谴责那些全盘收购某种货物而成为囤积居奇的垄断者的人，但阿拉贡却认为这些人没有什么不正当，只要他们没有采取欺诈手段而承担了购买货物的风险，并且没有哄抬价格的企图。安东尼奥·德·埃斯科瓦尔也持同样观点。[91]

在讨论进口限制时，晚期经院哲学家的论断与许多当代自由市场经

济学家的论断相似。由限制进口构成的垄断不仅损害了那些本可以进口这些货物的商人，而且也以高价损害了社会公众。安东尼奥·德·埃斯科瓦尔谴责那些通过限制进口阻碍货物供应量增长的垄断行为。[92]阿兹皮尔库埃塔、萨龙、阿拉贡和博纳齐纳(Bonacina)都对之进行了谴责。

经院学者很少对上述领域内的垄断行为本身进行批评。一个独一卖家的存在不足以证明君主行为不当或垄断者是通过提高特权或欺诈手段才获此垄断地位的。[93]佩德罗·德·阿拉贡声明，如果买、卖都按公平价格，垄断并无不当。然而，他批评了那些通过阻碍外国货物进口而获得垄断权力的人，称这些商人错误地将个体效用置于公共效用之前。[94]

注释:

1. R. H. Tawney, *Religion and the Rise of Capitalism* (New York: Harcourt Brace, and Co., 1937), 36. Bernard W. Dempsey, Raymond De Roover, Marjorie Grice-Hutchinson, Emile Kauder, and Joseph Höffner criticized 95
Tawney's conclusion. See, for example, Raymond De Roover, "The Concept of the Just Price: Theory and Economic Policy," *Journal of Economic History* 18 (December 1958): 418 - 34.
2. Xenophon, *Memorabilia and Oeconomicus*, English translation by E. C. Marchant (London: William Heinemann, 1923), 409.
3. Ibid., 367.
4. Ibid.
5. Aristotle, *Nicomachean Ethics*, bk. 5, chap. 5, para. 10 - 13 (1133a 26 - 28) English translation by H. Rackham (London: William Heinemann, 1947), 285. 在许多英译本中，*chreia* 被译为需求(demand)："于是，正如先前所说，所有商品必须由某一标准来判断。而实际上这个标准就是需求。"
6. Ibid.
7. Saint Augustine, *City of God* (London: Penguin, 1972), bk. 11, chap. 16, 447.
8. "事物之功效的价格并不遵循个体之奇想和效用，而是遵循一般估价。" *Corpus Iuris Civilis*, ed. Krueger-Mommsen (Berlin: Institutes, 1928), *Ad Legem Falcidiam*, *Digests*, XXXV, 2, 63, 556, quoted in B. W. Dempsey

"Just Price in a Functional Economy." *American Economic Review* 25 (September 1935):473 - 74.

9. Raymond De Roover, *San Bernardino of Siena and Sant' Antonino of Florence — The Two Great Thinkers of the Middle Ages*, publication no. 19 of the Kress Library of Business and Economics (Cambridge, Mass. : 1967). See also De Roover, "The Concept of the Just Price," 418 - 34.
10. Saint Bernardino of Sienna, *Opera Omnia* (Venice, 1591), bk. 2, Sermon 35, chap. 1, 335.
11. Ibid.
12. Ibid., bk. 4, Sermon 30, 136.
13. Ibid.
14. An English translation of Antonino's writings on value appears in Dempsey, "Just Price in a Functional Economy," 484 - 85.
15. Cajetan, *Commentarium in Summam Theologicam S. Thomae* (Lyon, 1568), q. 77, 264.
16. Ibid., 265.
17. Sylvestre, *Summa Summarum quae Silvestrina dicitur*, bk. 1, s. v. *Estimatio* (Bolonia, 1514), 50.
18. 参见下一章。
19. Saint Bernardino, *Opera Omnia*: "*Secundum aestimationem fori ocurrentis, secundum quid tunc res, quae venditur, in loco illo communiter valere potest*," bk. 2, Sermon 33, 319.
20. Henrique de Villalobos, *Summa de la Theologia Moral y Canonica*, (Barcelona, 1632), bk. 11, 131.
21. 他特别规定,应该消除懒惰。

96 22. 康拉杜采用了与圣贝尔纳迪诺和圣安东尼诺类似的论据,来论证不是个人的而是公共的希求影响了价格。"能满足更多人的物品可以卖出更高的价格。"(n. p., 1515), *De Contractibus*, tractatus III, q. LVI.

23. "*Res tantum valet quantum licite posset vendi.*" Ibid.
24. Francisco de Vitoria, *De Justitia* (Madrid: Publicaciones de la Asociacion Francisco de Vitoria, 1934 - 1936), bk. 2, q. 77, art. 1, 117 - 18.
25. For a modern analysis of this point see Luisa Zorraquin De Marcos, "An Inquiry into the Medieval Doctrine of the Just Price," master's thesis (Los Angeles: International College, 1984).
26. 参见下一章。
27. Vitoria, *De Justitia*, 120; Juan de Medina, *De Contractibus* (Salamanca,

1550) q. 31, fol. 92; Domingo de Bañez, *De Iustitia et Iure Decisiones* (Salamanca, 1594),562; Francisco García, *Tratado Utilisimo de Todos los Contratos, Quantos en los Negocios Humanos se Pueden Obtener* (Valencia, 1583),252; Pedro de Aragón, *De Iustitia et Iure* (Lyon, 1596),437.

28. "*Nec consitui iustum pretium ex natura rei: sed ex hominum aestimatione tametsi insana sit aestimatio.*" Diego de Covarrubias y Levia, *Opera Omnia* (Salamanca, 1577), bk. 11, chap. 111, 527.

29. Marjorie Grice-Hutchinson, *Early Economic Thought in Spain*, 1177 - 1740 (London: Allen & Unwin, 1975),100.

30. Luis de Molina, *La Teoria del Justo Precio* (Madrid: Ed. Nacional, 1981), 167 - 68.

31. Ibid., 168.

32. Ibid. 效用是阿拉贡的价值理论的基本要素。他认为,无效用(但生产成本高)的物品无法定价。相反,高效用的物品,即便没有花费成本,也可以定价。Molina, *De Iustitia et Iure* (Moguntiae, 1614), 180. He added that "all useful human acts deserve a price." Ibid., 182.

33. Quoted by Grice-Hutchinson, *Early Economic Thought*, 101 - 2.

34. The text in Latin reads: "*Tum etiam communis hominum estimatio et rerum appreciatio confert ad cognoscendum valorem rerum: et quo maior est aestimatio, ceteris paribus, maior est valor rerum: sicut e contra minor est valor, si minor sit hominum communia estimatio.*" Medina, *De Contractibus*, 102.

35. García, *Tratado Utilisimo*, 183.

36. Ibid.

37. Ibid., 188 - 89.

38. Vitoria, *De Justitia*, bk. 2, q. 77, art. 1, 120.

39. *New Catholic Encyclopedia*, s. v., "Scholastic Economics," by Raymond DeRoover, vol. 5, 68.

40. Leonardo Lessio, *De Iustitia et Iure* (Antwerp, 1626),275. This explanation can be considered as common doctrine. See Aragón, *De Iustitia*, 436, Antonio de Escobar y Mendoza, *Universae Theologiae Moralis* (Lyon, 97
1662), 159, García, *Tratado Utilisimo*, 240, Covarrubias, *Opera Omnia*, bk. 2, chap. 3, 524. 经院哲学家认为,只要在"公平的"价格范围内,人们可以"在同一地点同一时间"卖出同一物品赚取利润(即以底线价买进,严苛价卖出)。García, 246.

41. Juan de Lugo, *De Iustitia et Iure* (Lyon, 1642) bk. 2, disp. 26, sect.

4, 279.

42. De Roover, "The Concept of the Just Price," 425.
43. 德鲁沃尔宣称马丁·德·阿兹皮尔库埃塔反对任何价格管制,并明确指出"其他一些人,其中包括莫里纳,对价格管制怀有相同的厌恶之情"。Ibid. , 426.
44. Medina, *De Contractibus*, *quaestio* XXXI, "*De iusto rerum venalium precio*," 88 – 89; Aragón explained the issue in the same words, *De Iustitia*, 438.
45. Medina, *De Contractibus*, 88 – 89.
46. "一个人应该在交换中获得与其勤勉审慎、烦心烦神以及所冒之风险相当的报偿。" John Duns Scotus (1265 – 1308), *Opera Omnia* (Paris, 1894), vol. 18, "*Quaestiones in Quartum Librum Sententiarum*," *dist.* XV, *quaestio* 2a, nn. 22 – 23, quoted in Dempsey "Just Price," 483 – 84.
47. The text in Latin reads: "*Si iuste res suas vendere volunt, aliquando lucrari, aliquando perdere: talis est ipsorum mercatorum conditio, ut sicut lucro, ita et damno se exponant.*" Ibid. , 95
48. Cajetan, *Commentarium*, q. 77, 267.
49. Molina, *De Iustitia*, disp. CCCLXIV, pt. 3, 383 – 84.
50. Ibid.
51. Ibid. , 384.
52. Ibid. , pt. 4, 385.
53. Martín de Azpilcueta, *Manual de Confesores y Penitentes* (Salamanca, 1556), 476 – 77; Aragón, *De Iustitia*, 435.
54. Villalobos, *Summa*, 344.
55. Ibid. , 347.
56. The Latin text reads: "*Si superveniente ingente sterilitate Princeps vellet, ut triticum pretio venderetur, qui rationabiliter tempore abundantie vendebatur, lex esset irrationabilis, et iniusta.*" Ibid.
57. 国王不能借口说这样做便于使"小麦按丰足时期的价格出售,从而穷人也可买得起,来为自己辩护……遵照万事万物的本性,公平(西班牙文作 *equidad*)和正义要求价格上涨(由此小麦的主人不会遭受不公正的待遇)。我们必须考虑到由此可能造成穷人难以承受小麦的高价。这可以通过救济来解决。我们不能强迫所有卖家都按此价格出售以帮助穷人。而且,在短期和饥馑时期,穷人很少能按官价(*tassa*)买到小麦"。Ibid.

98 58. Ibid. , 348.
59. "*Volenti non fit injura.*" *Nicomachean Ethics*, 1138a, 13 – 14.

60. 比如，Medina，*De Contractibus*，97。

61. Francisco de Vitoria，*Opera Omnia*（Salamanca，1952），vol. 6，514.

62. 教士有义务将精神产品给予所需者（比如，忏悔和圣餐仪式）。

63. "*In re sua quilibet est moderatur et arbiter.*"

64. Villalobos，*Summa*，407.

65. Bartolome de Albornóz，*Arte de los Contratos*，（Valencia，1573），69.

66. García，*Tratado Utilisimo*，368.

67. Ibid.，375.

68. Ibid.，379.

69. Ibid.，213.

70. Saint Thomas Aquinas，*Summa Theologica*（London：Blackfriars，1975），II-II，q. 77，art. 1，resp. "交换中互惠"可以从财会人员的角度得到更好的理解。在现金（一种资产）与物品（另一种资产）的交换中，在资产平衡表上出现的唯一变化是流动资产（现金）转为库存资产。总资产没有改变。其状况在交易前后相同。

71. Domingo de Soto，*De Iustitia et Iure*（Madrid：IEP，1968）bk. 6，q. 6.

72. "*Porque tanto entra con el precio en poder del vendedor，quanto por la cosa vendida en poder del comprador，quanto por el precio que salio de su caudal，y tanto entra por la cosa vendida en poder de el comprador，quanto por el precio salio de su caudal，*" Albornóz，*Arte*，63.

73. 有瑕疵的产权（诸如教士对教会财产的占用）不包括所有权。未成年的儿童也只能行使有瑕疵的所有权。

74. García，*Tratado Utilisimo*，213.

75. "*Per actum mere liberalem（quando transferos nullam expectat redditionem）.*" Saint Bernardino，*Opera Omnia*，Sermon 32，art. 3.

76. "*Sit，quando ipse emens dat precium excesivum，cuius excessum donare libere intendit：quia tunc non est venditio et emptio pura，sed mixta donationi，rationi cuius licitum est venditori illum excessum recipere in his casibus est licitum rem vendere pro precio excedente latitudinem iusti pretii.*" Medina，*De Contractibus*，98.

77. 佩德罗·德·阿拉贡也有同样的观点，并且他认为如果买家并无需要而购买，也可以认为他是在捐赠。阿拉贡引用迭哥·德·科瓦卢比阿斯·依·勒维阿的话说："*Quod quando nulla necessitate coactus quis emit orem pro maior pretio，commode praesumitur donare.*" Aragón，*De Iustitia*，lib. 2，chap. 4，selling at a higher price。

78. "*Vili pius emendo，et care postea vendendo Pharaonem ditavit.*" Ibid.，454.

Lessio, *De Iustitia*, 279.

99 79. "*Alioquin emptor non posset emere pretio currente, si sciret pretium postea valde augendum, quod tamen falsum esse ... Abundantia praessens vel inminiens facit decrescere pretium, si passim sciatur; secus si ignoretur, non decrescit pretium unde potes tuas pretio antiquo eatenus usitato vendere.*" Ibid.

80. Miguel Salón, *Commentariorum in Disputationem de Iustitia* (Valencia, 1591), col. 1, 992; Molina, *De Iustitia*, disp. CCCXLV.

81. Ibid.

82. Lessio, *De Iustitia*, 295.

83. Escobar, *Theologia Moralis*, 163: "*quando venditores conspirant inter se de pretio: tunc modo id non sit supra legitimum vel supra vulgare summum non peccant contra iustitiam, quamuis bene contra charitatem, secus si pretium sit supra legitimum, tunc enim restitutionem illius auctuarii tenentur.*"

84. Lessio, *De Iustitia*, 295; De Roover, "The Concept of the Just Price," 427.

85. Bañez, *De Iustitia*, 538; Escobar wrote that "*hoc monopolium est licitum modo iustum pretium mercibus a Principe sit taxatum.*" *Theologia Moralis*, 163.

86. Molina, *De Iustitia*, disp. CCCXLV.

87. Ibid.

88. Pedro de Ledesma, *Summa* (Salamanca, 1614), 518.

89. 这位作者对必需品的垄断和"奢侈品"的垄断采取了不同的态度。雷蒙德·德鲁沃尔指出:"如果是必需品的垄断,君主应该极为小心地保持低价,但如果是不紧要的东西或奢侈品,他或可有理由使其昂贵,并限制其消费。" "Monopoly Theory Prior to Adam Smith: A Revision," *Quarterly Journal of Economics* 65 (May 1951): 500. Lessio's Latin text reads: "*Secus tamen si id concedat in mercibus, quae solum ad delicias et luxum pertinent, quas nemo cogitur emere, ut sunt picturae, varia genera tapetium, sericorum, pannorum, et holosericorum, oleo, fritilli, chartulae lusoriae, latrunculi et similia. Cum enim in his nemo gravetur, nisi qui sponte vult, (nisi forte pauci aliqui divites) facile potest princips habere iustam causam non impediendi ne iustum pretium excedant.*" *De Iustitia*, 295.

90. Juan de Mariana, *Del Rey y de la Institucion Real*, in *Biblioteca de Autores Españoles*, Rivadeneyra, vol. 31 (Madrid: Editions Atlas, 1950), 579.

91. Escobar, *Theologia Moralis*, 163, and Aragón, *De Iustitia*, 463. The latter text reads: "*Caeterum, si ille, qui totam mercium quantitatem emit, nec cum*

aliquo fraudulenter convenit, nec animo. Pretium ultra iustum augendi, id fecit, sed suo pericula illas accipiens, nullam iniquitatem committet."

92. Ibid., 163.
93. Salón, *Commentariorum*, col. 1992.
94. Aragón, *De Iustitia*, 463.

第八章　分配公正

101　中世纪经院学者的绝大多数经济理论，都出现在他们讨论公正和法律(*De Iustitia et Iure*)的论文，以及有关道德神学的著作中。有关公正的论题几乎在所有的分析中都会出现。总的说来，他们遵循亚里士多德和圣托马斯·阿奎那有关公正的教导。同亚里士多德一样，圣托马斯假设了公正的两种形式：

> 首先，存在一个部分与另一部分关系的法则，相应的就是一个个体与另一个体关系的法则。指导这一法则的是交换的公正，交换的公正关心的是两个人之间的相互交易。其次，存在整体与部分的关系的法则，相应的就是共同体与个人关系的法则。指导该法则的是分配的公正，分配的公正就是合比例地分配公共物品。为此，存在着两种公正：分配的和交换的。[1]

圣托马斯指出，分配的公正的定义与一般公正原则相一致，即"让每个人享有自己的权利"，随后，他又继续论述道：

> 正如部分和整体多少是有点一样的，因此，那属于整体的，多少也是有点属于部分的；为此，共同体的东西在若干个个体中分配，每

个人分到的，在一定程度上就是他自己的东西。[2]

需要指出的是，在托马斯主义传统中，分配公正仅指涉公共物品。 102
而且，圣托马斯还区分了属于社会的公共物品和属于某个家族或其他人民团体的公共物品。因为“分配共同体物品的工作仅归属于那些管理这些物品的人”[3]，圣托马斯表明，分配社会公共物品的责任落在政府当局、官僚或任何对此费心费力的人身上。“国民”也对分配公正负有责任，“直至其对公正的分配感到满意”。[4]

亚里士多德主义的、托马斯主义的和经院哲学的思想规定，公共物品的公众分配涉及按比例分配问题。圣托马斯指出，

> 分配的公正就是将某物分给某人，其范围就是整体中源于这一部分的那些，其数量则根据该部分在整体中所占的重要性程度。因此，分配的公正，就是某人在某个共同体中占有更显要的位置，他将获得更多的公共物品。这种显要，在贵族政体中依据的是美德，在寡头政体中是财富，**在民主政体则是自由**，并且依据不同的政府形式采用不同的方式。[5]

路易·德·莫里纳进行了相似的论证：

> 分配公正确切地是指，把某物给某人是因为他是共同体的一员，在这种情况下，公共物品必须分给所有成员（这种事情极少发生）。因为一个共和国由其成员组成，显然共和国的物品属于其成员，他们共享这些。如果物品过于丰沛，那就需要在共和国所有的成员中进行分配，每人都应分得一份。[6]

莫里纳随后将这种公正定义为“当公共物品按等比进行分割时，共

和国的每个成员都分得属于他的那份”[7]。由此看来，莫里纳认为公共物品或剩余的公共物品极少在公民中分配(“这种事极少发生”)。在他的经验中，常态正好相反：公民不得不维护公共物品。

分配公正在涉及国家和人民关系的情况下发生，而“交易公正指导两个人之间发生的交易”[8]。晚期经院哲学理论将利润、工资和租金作为交易公正的问题来分析，并应用那些与用于物品价格分析的法则相似的法则。经院学者断定，工资、利润和租金并非由政府决定。因为它们不
103 属于分配公正管辖的范围，因而应由市场的一般估价决定。[9]

注释：

1. Saint Thomas Aquinas, *Summa Theologica* (London: Blackfriars, 1975), II-II, q. 61, art. 1.
2. Ibid., q. 61, art. 2, 3. Ibid.
3. Ibid.
4. Ibid.
5. Ibid., II-II, q. 61, art. 3.(黑体为笔者所加)
6. Luis de Molina, *De Iustitia et Iure* (Moguntiae, 1614), bk. 1, col. 24.
7. Ibid.
8. Aquinas, *Summa*, II-II, q. 61, art. 3.
9. 如需更多分析细节，参阅 Alejandro A. Chafuen, “Justicia Distributiva en La Escolastica Tardia,” *Estudios Publicos* 18 (1985)。

第九章　工资

中世纪经院学者宣称，工资是属于交换公正的问题。他们通常会在 105
其讨论租金（*locatione*）[1]的专著中以一章的篇幅来论述这一课题。在分析有关买和卖的生产性要素（包括雇用劳力）时，他们自然而然并始终如一地将其与价格研究相联系。路易·德·莫里纳辩称：

> 除了出租其名下财产和他人让其出租东西之外，某人也可以将自己出租为他人服务，比如，教书，保护宫廷中人，或提供许多其他服务和功能。[2]

将工资像其他进行交换的经济物品一样当作交换公正的事物来处理的传统，可以上溯到圣托马斯·阿奎那，他曾宣称，工资是劳动的自然的报酬，“差不多就好像劳动有价格一样”（*Quasi quoddam pretium ipsius*）。[3]圣贝尔纳迪诺对工资和价格采用相同的原则。与他同时代的圣安东尼诺也是如此，他对与许多不同工作相关的特殊问题作了详细的分析。[4]正如雷蒙德·德鲁沃尔正确指出的那样，他的立场比圣托马斯更“自由”一点。[5]阿奎那宣布，工资差不多与价格相同，而圣贝尔纳迪诺则宣称，工资就形同价格。维拉罗博斯在其论述雇用的章节里讨论工资。他认为，就工资而言，“我们必须采用与判断其他可销售物品的公平价格的相同方式来进行判断”。[6]

106 在经院学者看来，在确定工资的过程中起作用的因素不止是供求和成本。西尔维斯特在其《学说大全》(*Summa*)中指出，对某个事物的估价反映人们对它的评价。他补充道，如果是某种生产性物品，其价格应该基于它所能创造的收益(*reditus*)[7]。事实上，西尔维斯特提出了一种隐性的参数理论。[8]

“公平工资”

在劳动领域内，公平工资和薪金问题是经院学者所面临的最重要的难题。为解决这一课题，他们首先解释了价格和工资是如何在市场上确定的。他们的**工资理论**与价格理论完全一致。

路易·德·莫里纳关于薪金的著作对其他学者影响巨大，因而他就成为20世纪历史学家广泛研究的对象。圣贝尔纳迪诺和圣安东尼诺则是他这些思想的先导。

圣安东尼诺对纺织工业的劳力市场方面几乎无所不知，他逻辑清楚地阐述了公平工资的概念，即在无任何欺诈的前提下由一般估价确立的工资。[9]路易·萨拉维亚·德·拉·卡勒(Luis Saravia de la Calle)遵循圣贝尔纳迪诺和圣安东尼诺的传统，他警告道，我们必须以研究商品定价相同的审视和逻辑方法来分析“工人、熟练工、官员及其他人的公平工资”。[10]

在莫里纳看来，合适的工资通常是指相同环境下的同工同酬：

> 假设某人提供了某种服务，且另有一大群或一小群人在同一时间也提供了同样的服务，如果支付给此人的工资，不低于那个地区那个时候通常支付给提供这类服务的那些人的最低工资，那么该工资水平可说是公平的。[11]

莫里纳强调契约的自愿性质，拒绝工资应该基于工人需要的观点：

> 除非根据所有侍者的状况，可以完全清楚地表明某项协议工资
> 已低于公平价格的最低线，且由此而明显地不公平，无论根据民法
> 还是良心，我们都不能说这一工资是不公平的。为此，该仆人不能
> 再提出更多的要求，或者，也不能因为不接受这样的工资而偷偷地
> 占有主人的物品以作补偿。如果他偷拿了物品，且未得到主人的允
> 许……他就是贼，必须偿还物品。即便该仆人靠这份薪酬仅可勉强
> 糊口，生活悲惨，也只能如此，因为雇主的义务只是根据所有侍者的
> 普遍状况，给予他的服务以相应的公平工资，而非满足他的生计，更 107
> 不用说维持其子女和家庭了。[12]

莫里纳将劳动力的**最低**公平工资定义为“一般估价确定的最低工资”。在公平工资上下浮动5%的工资是合法的。只有当薪酬低于公平工资的一半时，雇主必须补偿雇工差价。一份工资是否公平，我们要考虑的不是雇工的需求或他的最低生活水平，而是相同的职业在相同的环境下通常所应支付的工资。莫里纳宣称，这一理论可以适用于任何职业，无论是公共的还是私人的。“这显然是因为，如果契约无明显不公，我们必须履行，而且，签约方都同意的必定是公平的。”[13]他进而补充道：

> 这份固定的薪金可能不足以完全维持雇工自身或者其家庭的生计。然而，许多人仍然自愿为了这份薪金从事这份职业，其原因在于，尽管这点薪水不足以完全维持其生计，但有助于那个干这份活拿这份薪水的人获得别的资源，并兼职别的工作，从而满足其生活需要；如果有许多人愿意拿这份薪水干这些活，那么就不能因为某人由于缺乏别的资源或工作机会，或者由于他生了许多孩子，或者由于他想过更好的日子，或者由于有一大家子要养活，这份工作

无法满足其生计，而就此说该工资水平是不公平的。[14]

一般估价确定的工资受供求关系的影响，同时还必须考虑到其中是否有强迫或欺诈因素，以及契约的履行状况。在晚期经院哲学理论中，劳务契约的自愿性质是重要的立足点。早于莫里纳数年，德·索托就规定了，“只要他们自愿接受这份薪水，那它就必定是公平的”。[15]而且，他们不可以“薪水不足”为其偷窃行为辩护：

在任何情况下，仆人——无论是国王的还是下层人士的——都不能以薪水少为理由偷偷拿走主人的东西。[16]

如果侍者们“因为不会遭受任何损害”而自愿接受了这份薪水，那更应如此。为此，德·索托劝告他们，“如果你不想为这份薪水而干活，走就是了！”[17]

方济会修士维拉罗博斯批评那些想要自己订立“公平”规矩的工人。他这样批驳他们的论点：

108 如果他们（工人）说工资低于公平底线，看来我们不能相信他们，因为他们可以找到愿意出更高工钱的人（雇主），去他那里，为他工作，但他们一个也找不到，他们就像某人（潜在的买家）必定会砍价（购买）的物品……由于这个原因，他们的价值下降，因为如果雇主不足其服务的价值就会降低，正如缺乏买家，货物的价格会下降一样……因此他们没什么可抱怨的。[18]

当价格很高时，雇主可以拒绝雇用工人，因为“要求某人以其不愿意接受的价格购买或租赁，是违反理性和公平的”。[19]

在莱西奥看来，甚至那些为共和国（国家）服务的人的工资也不能当作分配公正问题来处理。[20]与莫里纳一样，莱西奥写道，如果薪水与通常的水平相似，只要在公平价格限定的范围之内，那就是公平的。他指出，如果一份工资低于公平价格的底线，我们也必须小心，不要匆忙作判断，因为可能有许多人自由而自愿地接受这份工资。而且，工资不仅包括货币。莱西奥提醒读者，薪水可能很低，但如果它包含着荣誉，那么荣誉也就构成了薪水的一部分。[21]

当没有协议规定必须支付工资，或报酬完全随主人的意愿而定时，某种合法的薪水也会低于最低线。绝大多数经院学者认为，在这种情况下，公平的做法是支付近似公平价格的工资。[22]

关于低于最低线的工资依然有理可循，莱西奥提到了两种情形。第一种情况是，雇主雇用某位工人并非因为需要他的服务，而是由于这位工人的恳求，只是出于仁慈而雇用他。莱西奥让这个仁慈的雇主为工人提供食物，声称只有当这个工人的工作和服务的价值高于他提供的食物的价值时，他才应该作出补偿。第二种情况是指，那些希望得到工作机会的仆人，是为了学会某种工作或谋取某种利益。[23]作为学徒，他们的工资低于最低线无可非议。

维拉罗博斯也提出类似论点。他宣称，工资也可用实物形式支付，并举例说，不从事生产性活动的仆人，其付出的劳动仅足以抵充食宿，或者那些为食宿而工作的学生，只要雇主给他们时间学习即可。他还提到了那些为了能在某个地方工作而付钱的人，因为他们可以在那里学到某种特殊的技艺。[24]

约瑟夫·吉巴里尼(Joseph Gibalini)对公平工资的界定是，既要考虑雇员所提供的服务，也要考虑到类似职业中劳力供应的多寡，还应考虑某地通行的价钱。随后他重复了莫里纳的论点，其中包括那个或许会令20世纪道德家震惊的观点：他断然宣称，雇主无需考虑工人及其家庭的需求。[25]

红衣主教胡安·德·卢果断言，如果仆人的薪水至少与某地付给该

109 职业的通行工资的最低值（最低水准）相近，那就是公平的。他建议，富有的贵族付给其仆人的高薪水无需虑及。与莫里纳、莱西奥、维拉罗博斯等人相似，卢果也宣称公平工资与工人的需求无关。

与科瓦卢比阿斯、西尔维斯特、莫里纳等博士一样，卢果断定，除非劳力契约中有特别条款明确规定，工人在因病缺勤期间无权要求获得工资。[26]一些晚期经院哲学家提到了另外几个影响工资的因素，比如学习某种技艺或专业的成本花费等。圣贝尔纳迪诺指出，某种特殊的职业，其训练和学徒期更长，可供的工人数更少，那么其薪水也相应地高。[27]经院学者承认，经由供给数量的改变，费用也影响价格。在其他情况均相同的条件下，生产某物所需要的"技能"越多，其估价越高。这就是为什么律师或建筑师比挖渠工赚得多的原因。前者比后者需要更多的技能和更长的训练时间。经院哲学家们还将同样的推理应用于医学花费与草药花费的比较上。[28]

对劳力市场上的某些做法的责难

晚期经院哲学家对雇主和工人双方的某些不公平的做法进行了谴责。一个典型的例子就是，契约上规定工资以货币形式支付，而实际却以实物形式支付。[29]圣贝尔纳迪诺规定，如有必要，立约者即便亏本卖掉货物，也必须以契约规定的方式支付薪水。[30]众博士还谴责用贬值的货币支付货币贬值前订立的契约工资的做法。德鲁沃尔指出，这种做法在圣贝尔纳迪诺的时代很是盛行。[31]

经院哲学家对某些工人的不公平的做法也进行了谴责。经院学者谴责行会、垄断和揩油形同抢劫。[32]蓄意损坏工具的工人也受到他们的谴责。维拉罗博斯指出，雇主和雇员都必须履行契约，他判定"凡出租其劳力换取日薪且不老老实实干活的人，必须改正错误"[33]。

对于做不道德的事情以获取工资的行为，经院学者谴责的是不道德行为本身而非工资。比如，他们宣称卖淫有罪并非因为按劳索酬，而是违反了第六诫律。经院学者对低报酬工人的态度并非源自社会意识的缺乏。有关消费者和劳动者的福利议题在晚期经院哲学的经济学说中屡屡出现。他们对垄断、欺诈、强迫和高税收的谴责，均旨在保护和造福劳动人民。然而，他们始终没有提议设立足以保证劳动者得以维持自己 110
及其家庭生计的最低工资标准。由于认为将工资标准定在一般估价水平之上只会导致失业，因而他们推荐采用别的方式。[34]

理性引导我们区分目的和手段。如同其他学派的思想，经院学者的经济政策建议的目标之一是改善工人的境遇。但是，他们知道胡乱干涉市场将与其目标背道而驰。他们的提议正是基于这些原因，而不是因为他们缺乏慈善心。批评晚期经院哲学的工资理论“缺乏同情心”的那些人，显然对市场缺乏理解。

保护私有财产、促进贸易、鼓励商业、减缩不必要的政府开支和税收，再加上健全的货币政策，所有这一切都能改善工人的境遇。他们提议以个人的慈善缓解那些没法工作的人的苦难。晚期经院哲学家认为，富人有义务帮助穷人，这也是圣经的要求。如果富人少些奢靡，多作捐献，钱财就会得到更好的利用。经院哲学家们还告诫人们，与其养狗，不如接济穷人，与其购买奢侈品，不如把钱给有困难的人。

注释：

1. *Locatione* is usually translated as “hiring and letting.” See Samuel Pufendorf, *De Jure Naturae et Gentium Libri Octo*, ed. James Brown Scott (London: Oceana, 1934), 741.
2. Luis de Molina, *De Iustitia et Iure* (Moguntiae, 1614), disp. 486, col. 1064.
3. Saint Thomas Aquinas, *Summa Theologica* (London: Blackfriars, 1975), I-II, q. 114, art. 4, resp.
4. 圣安东尼诺对 14 世纪佛罗伦萨的不同职业拥有极为渊博的知识。他讨论了律师、医学博士、商人和纺织工人等的工资。*Summa Theologica* (Lyon,

1516), III, Titulo 6, ＃IIII.

5. Raymond De Roover, *San Bernardino of Siena and Sant'Antonino of Florence, Two Great Economic Thinkers of the Middle Ages* (Cambridge, Mass. : Kress Library, 1967),24.

6. Henrique de Villalobos, *Summa de la Theologia Moral y Canonica*, (Barcelona, 1632),397.

7. Sylvestre de Priero, *Sylvestrinae Summae*, (Antwerp, 1578), s. v. "*Estimatio.*"

8. 奥地利经济学派运用这一理论解释生产手段(means-of-production)的价值。

111 9. Saint Antonino, *Summa Theologica* (Lyon: Johannis Cleyn, 1516), pt. 3, titulo 8, chap. 2.

10. Luis Saravia de la Calle, *Instruccion de Mercaderes* (Madrid, 1949),55.

11. Molina, *De Iustitia*, bk. 2, dis. 506, col. 1146. 参见 Villalobos, *Summa*, 407。

12. Molina, *De Iustitia*, col. 1147.

13. Ibid.

14. Ibid. 译自 *New Catholic Encyclopedia*, vol. 5,52。

15. Domingo de Soto, *De Iustitia et Iure* (Madrid: IEP, 1968) bk. 5, q. 3, art. 3, fol. 150.

16. Ibid.

17. "*Et ideo si non vis illo pretio servire, abi.*" Ibid.

18. Villalobos, *Summa*, 407.

19. Ibid.

20. Leonardo Lessio, *De Iustitia et Iure* (Antwerp, 1626) bk. 2, chap. 24, d. 4,326.

21. Ibid.

22. Ibid.

23. Ibid.

24. Villalobos, *Summa*, 407.

25. Joseph Gibalini, *De Usuris*, *Comerciis*, *Deque Aquitate et Usu Fori Lugdunensis*, (Lyon, 1657).

26. Lugo, *De Iustitia et Iure* (Lyon, 1642), no. 57, quoted in Gibalini, *De Usuris*, 38.

27. "律师、医学博士、挖掘工、摔跤手在其行业人手紧缺时都可以获得好价钱。" Saint Bernardino of Sienna, *Opera Omnia*, *De Evangelio Aeterno* (Venice, 1591), Sermon 35, art. 2, chaps. 2 and 3.

28. Ibid.

29. 有必要指出，契约也可以规定采取实物工资的方式。这里讨论的不是哪种支付方式更公正，而是对契约的履行。

30. Antonino，*Summa Theologica*，pt. 2，titulo 1，chap. 17，no. 8，and pt. 3，titulo 8，chap. 4，no. 4.

31. De Roover，*San Bernardino*，27.

32. Ibid.

33. Villalobos，*Summa*，401.

34. 多明戈·德·索托针对穷人的问题提出了一些冗长的解决方案。*Deliberacion en la Causa de los Pobres*（Madrid：Instituto de Estudios Politicos，1965），35.

第十章 利润

113 在经院哲学家余下的分析中，他们主要关心的是商业利润（以及私利）的道德正当性问题。利润或源于产业活动，或源于贸易。经院学者小心翼翼地指出，生产和谈判本身并不能使利润合法化。与其价值和价格理论一致，他们总结道，如果利润是通过以公平价格买卖获得的，那就是正当合法的。

这个主张是在论战的背景下产生的。邓斯·司各脱指出，能带来货币收益的活动是要冒风险，且收益也是不确定的，为此他信奉生产成本—收益理论。在证明了商人和生意人有益于社会之后，他建议好君主采取措施保证商人能以抵偿其成本和风险的高价格出售其产品。[1]

但是，大部分晚期经院哲学家运用强有力的论据，强调成本—收益利润的内在矛盾和危险性。西耶纳的圣贝尔纳迪诺推断，生产商和商人获取利润是合法的。他还说设立公平价格标准是不可能的，他指出，“亏既合法，赚亦合法”。[2]他举例说，某个商人在某省以时价 100 元买进一批货物，随后将货物转运至另一省，该地的普遍时价是 200 或 300 元，圣贝尔纳迪诺宣称，“你可以合法地以该地的时价卖出这批货物”。[3]而在相反的情况下，买进的价格是 100 元，而随后却发现一般估价跌到了 50 元，
114 圣贝尔纳迪诺承认，商人的损失也是自然的事情。生意的特性就是，随着价格的变动以及其他一些因素，有时赚有时亏。[4]

萨拉维亚·德·拉·卡勒直截了当地宣称,创业活动和贸易理当有赚有亏,盈亏多由价格变动造成。当货物和商人云集时,价格很可能会下跌,许多商人会由此亏本。正如萨拉维亚指出的那样,"在此案例中,他们亏本是在理的,因为,若不如此,我们真不知道他们在什么情况下才会亏钱;他们将包赚不赔了"。[5]他解释道,价格变化产生利润,是正当的利润,上述情况当然也适用于亏本的时候。[6]因此,

> 那些根据经商或生产过程中发生的劳力、成本和风险,或根据运输的成本,或根据来去市场的旅费,或根据必须为产业、风险和劳力支付的各种费用来估量公平价格的人,是大错特错了,**而那些想要获得确定的五分之一或十分之一利润的人更是错得离谱**。正如先前所说,公平价格源于货物、商人和货币的富裕或短缺,而非源于成本、劳力和风险。**如果我们评定公平价格必须考虑劳力和风险,那么没有一个商人会亏本,而且货物和货币的充足或短缺也就不成其为问题了。**[7]

对于商人应始终能够含利销售的观点,胡安·德·莫里纳是最有说服力的批判者之一。他辩称,当货物价格上涨时,卖家有时即便"没有什么花费"也能获得暴利。而当价格下降时,商人会遭受损失,"尽管他开支巨大"。[8]商人有权获利却不能承担同样程度的亏本,这显然是不公平的:

> 那些自愿经商的人……必须赚得了亏得起。一旦亏本,他们不可将损失转嫁给买家(消费者)或共和国。[9]

梅迪纳宣称,只有在政府制定价格的情况下,商人才应该受到保护避免亏本。当商人根据国王的指令完成一项交易,公正的国王将保证商

人收回成本，并因其听话而给予奖励。梅迪纳清楚，补贴商人损失的做法伤害的不仅是消费者而且是整个社会（共和国）。马里亚纳同意这个观点：

那些眼见着自己的生意就要完蛋，便像遭遇海难的人抓救命稻草那样依靠地方官员（当局），试图耗费公帑解决其困难的人是最坏的。对于这种人，一个也不能答应，一个也不必关心。[10]

115 加西亚批评那些公开宣称自己始终有获利的权利的商人：

这是一种极端错误且邪恶的信念，因为生意和靠买卖赚钱必定有赚有赔，靠的是运气。

加西亚总结道，既然商人可以“靠了运气，可以高出成本的价格卖出衣服”而获得合法利润，那么当运气离之而去的时候，有什么理由不遵守相同的法则。[11]

关于运气的问题，晚期经院哲学家甚至赞同靠赌博获利。德·索托明确指出，赌博是一种自愿交换行为：

没有人可以质疑的是，依据自然法，任何人可以经由一次博弈将自己的财产转让他人；因为符合物主意愿的财产交易是合乎自然的。[12]

他强调这种自愿的交易是一种契约。那些责难这种契约是基于不确定结果的人是错误的，“因为许多合法的生意也被认为是没有确定结果的”[13]。德·索托判定那些希望靠赌博赢钱的人无罪。[14]利润，就其本身而言，并无善恶。它们可以通过好或坏的方式，用于好或坏的目的。[15]

在圣托马斯看来，利润就是生意适当而直接的目的（*negotiationis finis*）。[16]按圣安东尼诺的说法就是：

> 如同任何为达到某种目的而采用的手段，人们从事的工作，农业也好，毛纺也好，工业也好，等等等等，其直接的目的就是收益和利润。[17]

圣托马斯列举下列动机证明获取利润的正当性：

1. 商人需养家糊口。
2. 帮助穷人。
3. 确保国家基本物资不致短缺。
4. 商人工作的报酬。
5. 改进商品。[18]

圣托马斯认为，靠不同地区和时间造成的价格差而获利也是合法的。进而，他也认可利润是对于转运和交割货物的风险的补偿。[19]

说利润是做生意的人的合法的**直接**目的，与经院学者对那些视利润 116
为其**终极**目的人的谴责并不抵触。经院学者在这方面所论及的最有趣的议题之一，是妓女出卖肉体的收益是否可以称作利润。他们的回答极为谨慎。尽管作为基督教道德家，他们谴责卖淫行为，但还是宣称这些妇女有权因其提供的服务获得金钱报酬。对不道德行为的这一态度，无非是贯彻了某种托马斯主义学说，即并非所有规范自然法的禁令或推荐都需要一部实在法来执行或推广。正如 F. C. 科普雷斯顿（F. C. Copleston）神父所评论的那样：

> [从圣托马斯的哲学里]得不出这样的结论：自然道德律的所有训诫和禁令都应该在立法中体现；因为在某些情况下，这样做不利于公益。[20]

圣安东尼诺指出，许多罪恶的行为（诸如卖淫）因对国家有实际效用而被允许存在，但这并不意味着这些行为本身是善的。[21]

数十年后，康拉杜·苏门哈特在《论契约》（*De Contractibus*）中写道，妓女“根据协议，获得对价，其罪在卖淫行为本身，而不在收取报酬”。[22]马丁·德·阿兹皮尔库埃塔持同样看法：

> 靠出卖其不幸的肉体牟利的娼妓，尽管她们卖淫是犯罪，但获取薪水却无罪，因而她们不必将钱还出来，而且，她们甚至有权索取承诺给她们的。[23]

安东尼奥·德·埃斯科瓦尔最早对博士们关于卖淫议题的结论进行了概括，并将其应用到其他营利行为上。他推断道，尽管卖淫行为是邪恶的，但它带来快乐，而凡可带来快乐的事物应有对价。而且，嫖资是嫖客自愿支付的（没人可以说，某个男人是被迫去妓院的）。在指出绝大多数经院哲学作家都持有这样的结论之后，埃斯科瓦尔规定，在分析其他类型的营利行为时，我们必须以同样的方式进行推断：只要利润的获得不是靠欺诈、谎言或勒索，任何人都不可被迫归还其赚得的利润。[24]佩德罗·德·阿拉贡借用圣奥古斯丁的话明确指出：“生意本身并不邪恶，邪恶的是商人。”[25]

注释：

1. Duns Scotus, Cuestiones Sutilisima Sobre las Sentencias (Antwerp, 1620), 509.
117 2. Saint Bernardino of Sienna, Opera Omnia (Venice, 1591), bk. 4, Sermon 30, 135.
3. “Tu potes licet vendere pro illo pretio, pro quo communiter currit.” Ibid.
4. Ibid.

5. Luis Saravia de la Calle, Tratado muy Provechoso de Mercaderes (Madrid, 1949),51.
6. Ibid.
7. Ibid. , p. 50. Quoted in Marjorie Grice-Hutchinson, The School of Salamanca (Oxford: Clarendon Press, 1952),48.(黑体为笔者所加)
8. Juan de Medina, De Contractibus (Salamanca, 1550), q. 38,109.
9. "Qui enim propria voluntate negotiationes huiusmodi suscipit, utrique pariter se debet exponere, lucro scilicet, et dano. Quod si aliquando damnum sentiat, non emptoribus, aut reipub. , sed sibi imputandum." Ibid.
10. Juan de Mariana, Del Rey y de la Institucion Real in Biblioteca de Autores Espa? oles, Rivadeneyra, vol. 31 (Madrid: Editions Atlas, 1950),532.
11. Francisco García, Tratado Utilísimo de Todos los Contratos, Quantos en los Negocios Humanos se Pueden Ofrecer (Valencia, 1583),251.
12. Domingo de Soto, De Iustitia et Iure (Madrid: IEP, 1968), bk. 4, q. 5, art. 2, fol. 111-12.
13. Ibid.
14. Ibid. 在这位作者看来,热切追逐利润者在道德上并未犯罪,只要他没有采用暴力或欺诈手段。就这一点而言,经院哲学家提醒读者,将上帝之外的任何物事当作终极目标,违反了第一戒律。
15. 在圣托马斯·阿奎那看来:"利润……如果无所谓正确或必要,也就无所谓邪恶或有违美德。因此,没有什么可以阻止利润归属于某个必要或正确的行为。正是在这个意义上,贸易可以被认为是有正当性的。"拉丁文原文为:"Lucrum … etsi in sui ratione non importet aliquid honestum vel necessarium nihil tamen importat in sui ratione vitiosum vel virtuti contrarium. Unde nihil prohibet lucrum ordinari ad aliquem finem necessarium vel etiam honestum. Et sic negotiatio licita reddetur." Summa Theologica (London: Blackfriars, 1975), II-II, q. 77, art. 4, reply.
16. Ibid.
17. Saint Antonino of Florence, Summa Theologica, in Raymond De Roover, San Bernardino of Sienna and Sant' Antonino of Florence, Two Great Economic Thinkers of the Middle Ages (Cambridge, Mass. : Kress Library, 1967), 14-15. Pedro de Aragón also wrote that "profit is the end of business" (Lucrum est negotiationis finis). De Iustitia et Iure, (Lyon, 1596),455.
18. Aquinas, Summa, II-II, q. 77, art. 4, reply.
19. Ibid. The Schoolmen repeated these concepts with considerable accuracy.
20. Frederick Copleston, Thomas Aquinas (London: Search Press, 1976),240. *118*

Saint Thomas Aquinas wrote that human law rightly allows some vices by not repressing them. It should only forbid those vices that would render human society impossible: "Thus, human law prohibits murder, theft, and such like." Summa, I-II, q. 96, art. 2.

21. Saint Antonino, Repertorium totius summe auree domini Antonini Archipresulis florenti ordinis predicatoris [Summa Theologica] (Lyon: Johannes Cleyn, 1516), pt. 3, titulo 6, chap. 3.
22. Conradus Summenhart, De Contractibus (Venice, 1580), trat. 1, q. 7.
23. Martín de Azpilcueta, Manual de Confesores y Penitentes (Salamanca, 1556), 198–99.
24. "Non debet restituere quia licet actus ille non sit vendibilis, cum non sit licite ponibilis, non est tamen contra iustitiam eius venditio, qua enim pane delectabilis est, dignus est pretio. Et quia dans meretrici mere libera donat ... Haec sententia communis quidem vera omnino est. Moneo tamen, hoc intelligendum de lucro, quod non per fraudem et mendacia ab amasio sit extortum." Antonio de Escobar y Mendoza, Universae Theologiae Moralis (Lyon, 1662), D. XXXVII.
25. "Vitia sunt negotiantis non negotii. Negotium, inquit Augustinus, non facit me malum, sed mea iniquitatis." Pedro de Aragón, De Iustitia et Iure (Lyon, 1596), 458.

第十一章　利息和银行业

责难利息 119

有若干篇现代优秀论文分析过晚期经院哲学作家对放贷取息——常称为高利贷——所持的反对态度。[1]如同对待绝大多数议题一样，在这个问题上，博士们依然信奉托马斯主义的论点，他们宣称：

1. 钱本身无产出能力。

2. 利息是贷方向借方索取的、借方使用业已属于借方的钱款的对价。

3. 利息是为时间所支付的对价，而时间是所有人所共有的。

亚里士多德提出钱本身并无价值的观念。圣托马斯及其晚期经院哲学追随者，像教会法学家一样，赞同亚里士多德的教导。迭哥·德·科瓦卢比阿斯·依·勒维阿强调：

> 钱自身并无产出，也不会生产任何东西。职是之故，在如数收回借款之外或之上还要有所取，既不可接受，也不公平。由钱之所获，不如从其他行业之所获，因前者自身并无产出。[2]

另一个论及贷款利息的论点将利息定义为使用资金的价格。经院哲学家注意到，由于钱的特性，它在被使用时不断地消耗。如同任何易耗或一般商品（比如，面包或葡萄酒），钱的使用性与其物质性是不可分
120 割的。另一方面，一栋房屋可以出租，并且在租约到期后仍可使用。于是，房屋的使用与其消耗有所不同。按此理论，出租钱款或收取其使用费则相当于就某种不存在的东西索价。

第三个涉及高利贷的观点，将收取利息行为定义为出售时间，而时间并非私人财产，从而认定其为无效行为。这一观点首先出现在一本名为“论利息”（*De Usuris*）的小册子上，人们通常认为这本小册子是圣托马斯·阿奎那所著。如果确是如此，那么圣托马斯几乎可以说是发现了利率的本质（即时间偏好）了。但是，由于他坚信任何人都不应该就时间的使用收费，因而未能循此思路深入研究。[3]

然而，圣贝纳尔迪诺指出，在特定情况下，时间可以出售。[4]他区分了两类时间：自然流逝的时间[5]和为某一物事而耗费的时间。后者将会使某物适用于某种工作。圣贝纳尔迪诺由此总结道，在这个意义上，时间可以视作私人财产，因而可以出售。[6]

另一方面，经院哲学作家与罗马法学家所见一致，实际损害（damnum emergens）、丧失的利益（lucrum cessans）以及协议罚金（poena conventionalis）等外来条款可以使支付放贷者利息的行为正当化。实际损害条款规定，放贷者有权向借贷者索要因放款而遭致损失的补偿。根据丧失的利益条款，放贷者可向借贷者索要因其放弃投资他处之所获的补偿。[7]协议罚金条款则是指对延迟还款处以罚金。

罗马人认可收取利息，而托马斯主义则采取禁绝态度，两种观点的存在引发了繁复的长篇大论。正如熊彼特在《经济分析史》（*History of Economic Analysis*）中指出的那样，“经院哲学的博士们在利息理论方面的分歧并不比我们少”。[8]但他宣称，他们“开启了利息理论”。[9]

1637年，弗雷·菲利普·德·拉·克鲁兹（Fray Felipe de la Cruz）出版了一本论述利息问题的专著。[10]在经院哲学作家中，他是对利息持最

宽容态度的。他举了一个假设的事例，一个人在贷款到期日，就还了所借的4000块钱，并声称额外的支付就是高利贷。德·拉·克鲁兹驳斥了这个假想的借贷者的说辞，宣称就正义和感恩而言，收取利息是正当合理的。圣托马斯·阿奎那曾认可类似的观点：

> 得了好处就应作出补偿的另一理由是友谊的义务，在这中间，更多考虑的是精神上的收益，而非简单的数值。但以法律上的义务对待这类债务，则几乎不能有适恰的奖惩之道，因为它将引入必不可少的借据，从而会扼杀任何自发回报的意愿……无论如何，一个人有权接受，甚至要求和期待，一些服务或者某种情感的表示，只要后者是出于善意而非某种被迫的意愿，因为善意不能以金钱来度量。[11]

一个人为表示感激之情赠送某人礼物，这在道德上无可指摘。这符 121
合自然和永恒法，同时也与经院哲学家为私有财产辩护的立场相一致。圣贝尔纳迪诺主张，某人出借钱款而不求回报，“但借贷者自主自愿地给你些什么，比如，10％的收益，那你可以接受”。[12]维多里亚承认，如果债主接受补偿（此前并未就此签过合同或有过不讲明的约定），那么这样的契约就毫无瑕疵，因为接受赠予是合法的。再者，不能要求人们因出借钱款而自己遭受损失。萨拉维亚·德·拉·卡勒承认，主动考虑支付利息可以视作善行，它合理合法。

> 借贷双方可以是出于好意完成借贷行为。这样，借贷双方均出于善意而非义务。假若如此，其中便不存在高利贷或赔偿的问题。[13]

莫里纳、里贝罗、包那齐纳（Bonacina）和萨龙提出这样一个观点：感激之情可以用金钱来表达。[14]圣安东尼诺和莱西奥则更进了一步，他们主张贷方有权强制要求某种民事义务，以报偿贷方的慷慨。[15]在德·拉·克鲁兹看来，民事法典迫使人们做某件自然和永恒法（“赞美感恩，憎恶忘恩负义”）已迫使其去做的事情，是完全合乎逻辑的。[16]他支持适当的补偿金，引用巴涅斯的话说道，期望得到基于感恩的收益无罪。[17]随后，德·拉·克鲁兹报告说，弗雷·路易·德·圣胡安（Fray Luis de San Juan）曾宣称，人们可以首要或次要地出于获得代表感恩之情的钱款的目的放贷。如果借方自愿书面保证在归还本金之外另有补偿，则贷方追索该笔款项是无罪的。针对这一点，他引用佩德罗·德·莱德斯马的话指出，如同在其他经济物品交换方面一样，（借贷）双方的自由意愿是公平交易的充足条件。[18]

此外，德·拉·克鲁兹承认这类合同有利于共和国，因而宣布其不合法有违公益。

> 共和国允许且会给共和国带来成果的任何合同必不可轻言责难，这是源自圣托马斯并受到吉尔松（Gerson）广泛赞扬的原则。[19]

德·拉·克鲁兹主张，如果贷方同意在相当长时间内（甚至或许是一生时间）不要求归还本金，那他可以要求获得货币性补偿。上述补偿是对其宽限到期日的酬答。就其本身而言，不能算是利息。经院哲学家
122 们并不认为这是一种利息的支付。贷方不是在为一笔贷款，而更多的是在为某种义务索价。“正如圣托马斯的追随者所教诲，这种义务是可以估价的。”[20]随后，德·拉·克鲁兹表明，问题不在于利率的高低（5%或10%），而在于原则。利率“不可能一成不变”，因为它会随给予或出借金额的不同而上涨。[21]其他商品的价格也是如此变动。市场不会只有一个价，而会有最低价（便宜的价格）、中间价和严苛价（或昂贵价）。“同样的商品可以卖8元、10元或12元，而且都可以说是公平价格。”

亚里士多德有云：“钱不会生钱。”（Pecunia non parit pecuniam.）这是

对利息开诚布公的否决。菲利普·德·拉·克鲁兹批评了这种一棍子打死的做法，他说，固然钱仅凭其自身并无产出，但借助于人类的辛勤劳作，尤其是在商业和贸易领域，它是可以有产出的。如果人们认识到这一点，那么：

> 我不明白他们为何这样说（钱不会生钱），除非他们对理性的声音充耳不闻，因为合同商谈的经历让我明白了这些。众所周知，借助人类的勤勉，钱本身会增殖。尽管这是钱财能够赢利的主要原因，但不是唯一的原因。钱本身所具有的一些特质，也部分地起了作用……植物和树木如果缺少（人类行为）帮助，也会产出减少。[22]

由于现钱总比将来可能有的钱更值钱，德·拉·克鲁兹没有去谴责索要利息的惯例。享受教皇特许的巴伦西亚可以收取10%、12%甚至13%的利息（随行就市），通过揭露这一点，他宣称也应允许各城市和行会乃至所有公民如此行事。[23]随后，他描述了这样一个事例。某人攒了一点钱，而后丧失了赚钱糊口的能力。德·拉·克鲁兹认为，就这位仁兄而言，放贷赚些利息是再自然不过的事情，总好过坐吃山空。针对那些赞同5%利率的人，他坚持认为，他们不能对10%利率加以谴责，因为问题的关键不在于数量的高低，而在于原则。对于为何某个商人可以在未来卖出比当下更高的价格，德·拉·克鲁兹详解了其中的重要原因。他斩钉截铁地说道："现钱比期权更值钱。"针对这个问题，他引用萨阿(Saa)和纳瓦鲁斯的话，后者注意到：

> 使用金钱（拥有者）可以获得很多收益，因为他可以通过签订合同提高利息……他还可以此解决一些意外的问题（诸如疾病、罚款或者任何其他始料未及的境况）。如果他没有那些出借了的钱款，一旦有了困难，没人会搭理他。难道所有这些因贫穷造成的苦难就

不应该有所报偿，难道它就这么一文不值?[24]

123 他引用托雷多的话“不在手头的钱总比不上现钱”[25]，评述道，所谓报偿得看总共有多少钱，以及贷款的时段。

尽管有熊彼特对晚期经院哲学家的利息分析的赞扬，但用德鲁沃尔的话来总结更为简单：

> 高利贷学说是经院哲学的经济学的阿喀琉斯之踵。它使经院学派及其16、17世纪的追随者陷入难以克服的困难，并在很大程度上给他们的整体学说造成了坏名声。[26]

银行业

莫里纳对银行业的分析极为重要，因为他认为银行家才是由他们所运作的金钱的真正主人。他们在收到一笔存款时，承诺的并不是归还同一笔钱而是归还相同数量的钱。他们的法定义务是当客户需要时准备好其所要数额的钱款。[27]在法律方面，如果银行家未能承付款项(因为他将超过存款的合理底线的钱投入了其他生意)，则他不仅要归还所欠的钱，而且要对因拖欠还款而给存款人造成的损失进行赔偿。在道德方面，他是犯了危及其偿债能力的错失，即便如此，从长远来看，他不会遭受任何法律上的困难，因为他拿客户的钱投机获得了成功。[28]

由于莫里纳还论证了贴现票据和许多其他银行业务的合法性，因而我们或可用弗朗西斯科·贝尔达(Fransisco Belda)的话作为总结：他“一个接一个地批准了几乎所有可能的信用创新”。[29]德·索托是最早描绘和赞同银行信用创新的经院哲学作家之一。他评述道，这是习以为常的事情：

> 一个商人在银行里存了钱，银行就会保证还他更多的钱。如果我将10000块钱交给银行家，他将来会还给我12000或15000块，因

为他得了现钱可以用来赚大钱。这里面没什么不好。[30]

经院哲学家还论述了贴现票据行为(即以低于票面的价格购买汇票)的善恶。他们的意见是一致的:只要存在这些常见的情况(实际损害、丧失利益、脱手风险)之一,票据贴现就无可指责。然而,针对其他一些贴现行为,他们意见各异。卡吉坦和阿兹皮尔库埃塔认为所有的贴现都合理。[31]莱西奥则通过引用帕诺尔米塔诺(Panormitano)、贝拉尔米诺(Belarmino)和帕拉(Parra)的话断言,我们应当将票据买卖看作与其他 124 商品的买卖一样,其价格由一般估价、供需所决定。他总结道,货币的期权(不在手头的钱)其估价理应低于现钱。[32]正如维多里亚所承认的那样,"有一块"比"我将会给你两块"更有价值。[33]在这个问题上,卡吉坦是最"自由主义"的作者之一。在具体论述了出售债权类似出售其他物品之后,他补充道,没有人会愿意以现钱购买"在未来获得同样数量钱的权利"。[34]卡吉坦总结道,期权在到期日之前是无用的。正因如此,其价格会变化。一块不能马上用的土地与立马可以用的土地,或者尚未成熟的果子与已经成熟的,其价格就是不同。许多耶稣会修士注意到这种分析最终将导致利息的合法化,因而对之大加笞伐。[35]

反对者们指出,如果这类贴现行为获得认可,则很容易被用来掩饰高利贷合同。人们可以同意他们的分析结论,但不同意他们所作的道德责难。

因为在16世纪,发行汇票几不可能没有风险以及放弃可能的利润(丧失利益),人们普遍认为这些行为合理合法。莱西奥在批评(安特卫普的)固定利率的习俗——借款人必须为"剥夺"放贷者的钱而支付6%-12%的利息——时非常宽大。莫里纳补充道,为朋友贷款作担保(或抵押)理应收取报酬。卡吉坦、德·索托、康拉杜·苏门哈特、纳瓦鲁斯和科瓦卢比阿斯都表同意。某人以自己的钱为一笔贷款作担保,这项服务是有价的,是可以由一般估价估定的。这是一项昂贵的服务,为此担保者理所当然可以收取报酬。担保者所承担的责任就是基础成本。[36]

许多晚期经院哲学家(莫里纳、康拉杜·苏门哈特、卡吉坦、德·索托、纳瓦鲁斯和梅迪纳)还判定,从事货币兑换的商人可以为他的服务而不是时间因素定价。他们都清楚未来的钱没有现钱价值高,但其中的根本原因并非仅仅是时间的流逝。正如贝尔达正确地指出的,这并不意味着莫里纳完全看轻经济交往中时间因素的重要意义。[37]

博士们的结论是,当放贷者由于时间流逝而不再获取利润(丧失利益),那么他就可以要求补偿。莫里纳举了一个例子,清楚地分析了为什么特定的利息限制会使除无良货币兑换商之外的所有人(正派的货币兑换商、商人以及作为整体的社团)境况糟糕。[38]莫里纳问道,一个为贸易集市付了预付金的人收取的费用多少,是否可以按照其付出预付金的那一刻与集市开张的那一刻之间的时间长短成比例呢?如果不可以这样,那
125 么做钱生意的商人就不会放贷。由于佣金是随货币的供给量(及其需求量)而波动的,因此利率就会上升,这样所有人都会遭殃。只有无良商人可以从中渔利。莫里纳推论,对这些交易的需求将决定佣金的高低:需求越大,则利率越高。[39]阿兹皮尔库埃塔还提出了一个有趣的观点:

> 说以钱赚钱有悖自然,这是不对的。尽管这不是钱被发明出来的首要用途,但至少是重要的派生用途。鞋被拿来做买卖赚钱,不是鞋之所以被发明的主要用途——鞋是用来保护我们的脚的;但这并不意味着做鞋的买卖就有违自然。[40]

就货币兑换,经院哲学家们宣称,公平价格就是市场价格,由一般估价(在一个开放市场中的供求)所决定。T. F. 迪维纳曾认为,以市场利率作为现钱与期款交易的公平价格标准就是经院哲学家的思想。唯有如此,他总结道,才会“买卖双方都得利,而这是亚里士多德和阿奎那都明确认可的”。[41]

注释：

1. Bernard W. Dempsey, *Interest and Usury* (Washington, D. C. : American Council on Public Affairs, 1943); T. F. Divine, *Interest: Analytical Study in Economics and Modern Ethics* (Milwaukee, Wis. : Marquette University Press, 1959); Benjamin N. Nelson, *The Idea of Usury* (Princeton: Princeton University Press, 1949), J. T. Noonan, *The Scholastic Analysis of Usury* (Cambridge, Mass. : Harvard University Press, 1957); J. A. Schumpeter, *History of Economic Analysis* (New York: Oxford University Press, 1954), 101 – 7.
2. Diego de Covarrubias y Levia, *Variarum Resolutionum*, III, chap. 1, no. 5. , quoted in E. Bñhm-Bawerk, *Capital and Interest* (South Holland, Ill. : Libertarian Press, 1959), 14.
3. Bñhm-Bawerk 在 *Capital and Interest* 一书中讨论了这一课题。
4. "*Tempus proprium venditoris ab eo licite potest vendi, quando temporalem utilitatem temporali pretio apretiabilem in se includit.*" Saint Bernardino of Sienna, *Opera Omnia* (Venice, 1591), Sermon 34, *De Temporis Venditione*, 322.
5. "*Quaedam duratio, et hoc modo tempus est quid commune omnium, et nullo modo vendi post.*" Ibid.
6. "*Quaedam duratio applicabilis alicui rei, quae duratio, atque usus est alicui concensus ad eius opera excercenda: et hoc modo tempus est propnum alicuius ... et huiusmodi tempus licite vendi potest.*" Ibid.
7. 第二条外来条款是有限度的。根据前述的定义，接受丧失的利益条款将危及 126
其对利息的责难。晚期经院哲学家只允许其出现在商人之间。
8. Schumpeter, *History of Economic Analysis*, 104.
9. Ibid. , 101.
10. Felipe de la Cruz, *Tratado Unico de Intereses*, Sobre si se Puede Llevar Dinero por Prestallo (Madrid: Francisco Martinez, 1637).
11. Saint Thomas Aquinas, *Summa Theologica* (London: Blackfriars, 1975), II-II, q. 78, art. 2, reply obj. 2 – 3.
12. "*Si sua spome, et liberalitate tibi dat aliquid, vel decem pro centenario de lucro tu potes accipere.*" Bernardino (Venice, 1591), *Opera Omnia*, bk. 4, Sermon 30, 138.
13. Luis Saravia de la Calle, *Tratado muy Provechoso* (Madrid, 1949), 78.
14. De la Cruz, *Tratado Unico*, 1.
15. 根据佛罗伦萨的安东尼诺的说法，对于赊售和现金买断的商品，商人无须按同样价格。Quoted in de la Cruz, *Tratado Unico*, 2. See also Leonardo Lessio, *De Iustitia et Iure* (Antwerp, 1626), bk. 2, chap. 20,3-19.

16. De la Cruz, *Tratado Unico*, 2.
17. The Latin text reads: "*Intendere lucrum, sive principali intentione, sive minus principali, sive primaria, sive secundaria, non ex obligatione civili, sed ex gratitudine, nullum est omnino peccatum.*" Domingo de Ba? ez, *De Iustitia et Iure Decisiones* (Salamanca, 1594), q. 78, s. v. "usura" fol. 586, in de la Cruz, *Tratado Unico*, 4.
18. De la Cruz, *Tratado Unico*, 2,4.
19. Ibid., 7.
20. Ibid.
21. Ibid., 8. 弗雷·路易·德·阿尔卡拉(Fray Luis de Alcala)报告说,就某人将所省下的钱放贷于生产以获利,有22位经院哲学博士表示乐观其成。在此事例中,放贷者或可公平地将其索要的利息率定得略低于预期的利润。他应该扣除他自己投资获得前述利润所冒风险所占的百分比。但重要的是提醒阿尔卡拉(以及其他作者),利润的确定性并不存在,因而放贷者将无法获得与其期望利润相等的利息。
22. Ibid., 11-12.
23. Ibid., 13.
24. Ibid.
25. Ibid., 10, Toledo (bk. 5, chap. 54, n. 2).
26. *International Encyclopedia of the Social Sciences* (New York: Free Press, 1968), s. v. "Economic Thought, Ancient and Medieval Thought" by Raymond De Roover.
127 27. Luis de Molina, *De Iustitia et Iure* (Moguntiae, 1614), bk. 2, disp. 408, nn. 1-7.
28. Francisco Belda, "Etica de la Creación de Créditos Según la Doctrina de Molina, Lesio, y Lugo," *Pensamiento* 19 (1963):62.
29. Ibid., 70. Cardinal Juan de Lugo's approach is similar.
30. Domingo de Soto, *De Iustitia et Iure* (Madrid: IEP, 1968), bk. 6, q. 11, art. 1, quoted in Marjorie Grice-Hutchinson, *Early Economic Thought in Spain*, 1177 - 1740 (London: Allen & Unwin, 1975), 104.
31. Belda, "Etica," 70.
32. Lessio, *De Iustitia*, bk. 2, chap. 21, dub. 8, nn. 66-71.
33. "*Plus valet hoc tribuo; quam tribuenda duo; mas vale un toma, que dos te daré.*" Francisco de Vitoria, *Opera Omnia* (Salamanca, 1934), bk. 4, 170.

34. Cajetan, *Commentarium in Summam Theologicam S. Thomae* (Lyon, 1568), q. 77, 268 – 71.

35. Lessio, *De Iustitia*, bk. 2, chap. 23, dub. 1, 315.

36. Belda, "Etica," 59.

37. Ibid.

38. Molina, *De Iustitia*, bk. 2, disp. 404, n. 6.

39. Belda, "Etica," 60. 在萨拉曼卡学派发端近两个世纪后，耶稣会会士卡拉塔宇德称莫里纳为最重要的古典博士之一，并表明莫里纳对期货贸易（包括利率贴现）的赞同已成为人们的共识。Father Calatayud, *Tratados y Doctrinas Practicas Sobre Ventas y Compras de Lanas Merinas y Otros Generos y Sobre el Juego de Naypes, y Dados* (n. p., 1758), 38.

40. Martín de Azpilcueta, *Comentario Resolutorio de Usuras*, 58, quoted in Grice-Hutchinson, *Early Economic Thought*, 103.

41. *New Catholic Encyclopedia*, vol. 14, s. v. "Usury," by T. F. Divine.

第十二章　晚期经院哲学经济学与“古典自由”经济学的对比

129 行为是思想的结果。在研究思想的起源时，我们事实上就是在研究行为的起源。造就自由社会的那些思想并非自发生成的。比如，亚当·斯密的《国富论》(*Wealth of Nations*)[1]带有更早的那些著作的印迹，而这些著作又受到更早的著作的影响。前世的观念影响后世思想和行为的途径，并非始终如直线般承续，也未必印迹明显。当一位作者特意标明某些文字来自另一作者并向其致谢时，我们可以清楚地看到其所受的影响。另一方面，人们常会采纳吸收他们并不知道的作者的论证。当两位作者的思想存在很大的相似性时，我们会断言其中一位影响了另一位。某些晚期中世纪思想导向古典自由理念的途径显而易见。但在另一些领域，影响的途径则隐而不显。

在晚期经院哲学的思想与自由学派巨擘的观念之间，存在着有趣的相似，也有着矛盾之处。诸如格老秀斯和普芬道夫那样的新教作者，负担起了沟通天主教晚期经院哲学思想与后来者的任务，在分析经院哲学思想的影响时他们必定不可遗漏。

重农学派、古典自由主义作家和“奥地利经济学派”构成了西方自由市场传统的核心。在承认法国经济学家的放任主义(*Laissez-faire*)与奥地利人的理论相去甚远的同时，将这三个学派的思想归结为拥有某种共同的理想——人类自由的理想，似乎并无不妥。

下文反映了在晚期经院哲学涉及的广泛领域内，找寻许多现代思想 130
不确定的起源的部分成果。以下所分析的一系列议题已成为广泛的现代研究的中心议题。[2]但是，其中还将展示新的研究和更完整分析。

私有财产

中世纪学者宣称，尽管私有财产符合自然法，但并非基于自然法。他们发现，私有制的依据是另外一些自然权利，比如自由和生命的权利。在解释了自然法是自明的原则之后，多明戈·巴涅斯宣称，私有财产的基础并非这些原则而是功利主义原则（“土地将不会得到充分的耕种”）。[3]有趣的是，在论及自然权利时，亚当·斯密得出了相似的结论：

> 自然权利的缘起显而易见。除非有正当的理由，任何人都拥有使其身体免于伤害、其自由免遭侵犯的权利，没有人会对此怀疑。但像财产权这样的既得权利则需要更多的解释。财产权与民众政体非常密切地互相依赖……财产权的状态必定常随政体而变化。[4]

斯密解释道，这些权力要么是先天自然的，要么是后天既得的。在评说“前者无需解释”的同时，他补充道，财产权是一种后天既得权利，因而需要讨论。[5]他的这一论点，可以和许多晚期经院哲学家所作出结论——财产权是自然法之外的东西，因此由民法管辖——相提并论。路德维希·冯·米塞斯，这位自由社会的坚定捍卫者，也论证说私有财产的理念是基于功利主义原则而非自然法的。[6]

20世纪的经济学家仍在沿用晚期经院哲学家用以捍卫私有财产权的许多论据。汉斯·F.森霍尔兹（Hans F. Sennholz）指出，私有制是一种自然的制度，有利于有序生产和分工。[7]弗里德里希·冯·维塞尔则表明，在一个不存在短缺的世界中，所有权没有任何意义。[8]

私有制是达成和平社会的手段，这是最受欢迎的晚期经院哲学观点之一。许多自由主义者都赞同。米塞斯宣称，“法律极为明确地揭示了私有制具有和平缔造者的特性，这是对私有制的准确辩护”。[9]晚期经院哲学论证了私有制与更具生产能力的经济相容，而古典自由主义理论也有类似理论。米塞斯指出，更高的生产力源于和平，而和平则由尊重私有财产的社会所自然享有。[10]

目前，常见的反对私有制的看法源于“邪恶人”的预设。他们说：“只
131 要人们不介意剥削邻人，我们就不可拥有私有财产。”晚期经院哲学家承认人类有这些令人遗憾的品性，但他们同样认识到，公有制绝非解决之道，相反会助长社会中的邪恶。经院哲学家们认为“恶人只会从公共物品仓库中拿得更多而贡献更少”，因而，在这样的社会中，恶人（贼和守财奴，正如维多里亚表明的那样）会易于谋得高位。

罗马天主教会认可私有财产是自然权利。[11]那些拒绝承认“财产权是自然权利”的人比那些赞成是自然权利的人，更坚定地青睐私人财产所有权，这看起来似乎有些矛盾。[12]经院哲学处理财产问题从私有制的“社会功能”入手的方法，与许多“古典自由主义者”所共有的方法非常相似。中世纪经院学者青睐私有财产权，是因为这可以让财产以更为有用的方式得到使用。他们认为，私有制社会将会更和平、更多产，并且总的来说更道德。

如同经院学者，米塞斯将所有权视作使用经济物品的权力。他宣称，“所有者就是处置某种经济物品的人”，[13]他还认识到，从法律的角度看，人们甚至能以非物质形态占有的方式拥有某物。[14]奥地利经济学家将所有权从生产要素的使用中区分出来。他发现这在涉及劳动分工的情况下特别准确：“事实上，占有（having）在这里经常具有两重性：物质性占有（直接的），以及社会性占有（间接的）。”[15]米塞斯指出，掌握某种商品并有成效地使用，是行使直接所有权，而“社会性占有则属于在物质上或法律上不能处置该商品，但或可间接处置其使用效用的人”。[16]他的结论是，

“在一个存在劳动分工的社会中，自然的所有权由生产者和由生产者造就其需求的人所共享”。[17]认识到在这样一个**社会**中，“没有人是生产资料的独占者”，[18]米塞斯得出结论：所有权是一种社会功能。[19]

当所有权受到某些特殊权利（人身权）的保护时，它就失去了社会功能。晚期经院哲学支持私有制的论证，为 19 世纪的伟大改革铺平了道路。每个时代——20 世纪也不例外——许多人是通过强力和特权获得财产的。于是，在最近几十年中，出现了另一种解释所有权的社会功能的倾向。许多现代思想家保留“私有制”这个术语，只是为了保护某种正式意义上的制度。在他们看来，“社会”应得决定商品如何使用。“解放神学”以及各种集体主义思想流派信奉这样的理论，即决定财产的社会功能的应该是强力和法律，而非市场上的讨价还价。在这个意义上，经院哲学的私有财产社会功能的理论更多地与米塞斯的而非解放神学的结论相一致。[20]

在一个所有者不能决定其物品如何使用的社会中，个人的责任心荡 132
然无存。当“社会”指令一位工厂主投资某个领域，以规定的工资雇用特定数量的工人，以当局制定的价格出售其产品时，一旦发生问题，他是不能承担责任的。该理论规定，“社会”必须承担损失。它规定，所有者依然享有“正当的利润”。于是，利润和财产就与消费者满意度丧失了任何关系。一种矛盾的结局将会出现：政府试图通过强力促进所有权的社会功能，但正因此而使其不可能。在这种社会里，人们拼命谋求法律的支持而非使消费者满意。由争夺权力而引发的争斗，利益集团之间的冲突和倾轧排挤掉了市场里的和平协作。只有在一个自由的社会中，“生产资料的所有权才不是一种特权，而是一种社会责任”。[21]

公共财政

相信私有制意味着相信有限政府。晚期经院学者断定，政府既不应是压倒一切的，也不应凌驾于人民之上。人类生活的绝大多数方面应免受国家干预。

博士们宣称人民高于政府，但并非意味着他们信任民众的意志或支持多数决定的原则。他们认识到，一个错误的观念或一项不公正的政策即使受到多数人的支持，也不能确证其是正确或公正的。

在经院学者看来，民主这个术语不是“共和”的同义词。他们将民主定义为一种民众可以采纳的被统治的体制。而在某种社会中，民众可以享有的权利显然比体制更重要，为此，马里亚纳评述道，高效的共和制和公正的君主制他都见到过。[22]

在中世纪的博士们看来，政策的目标是有利于公益。这与公共福利重于个体利益的原则相一致。[23]在晚期经院哲学理论中，确定何为公益，所赖并非国王或民众的奇想。经院学者们清楚，厘清政策目标以及选择适当的实现手段经常需要一定程度的独断。当我们决定是否要增加警察、花钱组建更庞大的军队或建立新的法院时，并不存在所谓客观的解决方案，并无简单的法则可以遵循。

在指出旨在实现公益的政策绝不应有违责任秩序和人类的自然权利后，[24]晚期经院哲学家为美洲印第安人的权利辩护，认为他们有拥有自己的财产、贸易的权利，选择自己的政府的权利。但是，他们也认识到，
133 个人利益不会始终与整体福祉相一致。这种公益的观念与当代自由主义思想是有关联的。比如，米塞斯断定：“自由主义的政策是公益的政策，是令特殊利益服从公共福利的政策。”[25]经院学者的社会、政府和人权观念，与当今那些相信自由社会的人所赞同的观念非常相似。博士们对于政府开支的态度与其对政府本质的认识密切相关，且绝不能称为是宽容的。他们谴责政府的开支，不仅因为他们明了其对经济可能产生的消极影响，而且因为这意味着对财产权利的侵犯。

晚期经院哲学不同意将通货膨胀作为克服财政困难的手段，这为其平衡预算的建议铺平了道路。他们认为，君主应努力通过削减开支、减少津贴、裁减侍臣来平衡预算。当时的高税赋水平是经院学者首要关注

的问题之一。他们不同意通过发行公债来弥补财政赤字。根据他们的经验，邦国的过度借贷不仅无助于削减过度开支的负担，而且会危害邦国的未来。

在经院哲学家们看来，税收的目的在于筹集公正政府运行的必要收入。他们宣称，税收应该适度而均衡，未曾提出税收可以作为均贫富的手段。20 世纪的大部分自由主义者[26]也宣称，税收乃政府收入的来源，而非财富分配的工具。他们坚持认为，税赋的征收应依照中立原则。一种中立的税赋不会让市场的运作偏离其在无税赋条件下所遵循的“自然”路径。[27]古典自由主义者在承认中立税收永远无法实现的同时，坚持认为它应该是财政治理机构的目标。[28]

纳瓦莱特要求税负适度，他认识到，过度的税负会减少国王的收入（因为很少有人能够支付如此之高的税率）。[29]一些当代经济学家也曾采用类似的措词，建议通过减税以获得更高的生产水平，从而获得更高的税收收入。

米塞斯也有相类似的想法，他评述道，“每一种特定税，如同一个国家的整体税赋系统，一旦超过特定的税率高度，就会自我拆台”。[30]在经济道德领域，晚期经院哲学家小心翼翼地指出，特定的税法可以有合法但未必合乎道德的强制性。他们的这一论点是基于他们相信，一种不公正的制定法不是真正的法，即便政府有权力强制执行。

货币理论

关于货币起源和本质的理论直接影响着货币价值和货币政策建议的讨论。那些公然宣称货币仅仅只是一种立法现象的人，更倾向于接受政府干预货币发行。国家对货币市场的干预一般会直接影响货币的 134
价值。

晚期经院哲学家、普芬道夫、亚当·斯密和奥地利学派都以一种亚里士多德的方式解释货币的起源。普芬道夫的著作带有晚期经院哲学传统的印记。他解释说，随着社会的发展，间接交换代替了直接交换：

> 一个人要弄到别人想要的东西，以用来换回自己想要的东西，或者与别人的货物等价的东西，不是件容易的事情。而在一个文明的国家中，公民有不同的社会身份，如果这种简单的商品和劳动交换方式一直持续下去，则必定有一些阶层的人根本无法生存，或极难生存。显然，那些不知道使用货币的国族不会有文明发展。[31]

对于影响货币价值的因素，普芬道夫认为，更重要的是人类的互动和共识，而非货币的本质：

> 但是，因为**货币的功能并非源于由其本质而生成的必然性，而是源于人类的强制规定和协定**……显然，其他物质可以按环境需要或偏好的方式来加以使用……[32]尽管金银和货币的价值基于人们的强制规定和协定，但当国者不能随意、自由地改变其价值，而必须牢记某些特定因素……其次，人们发明货币是为了更好地帮助贸易——不仅是一国之内公民之间、而且是不同国家公民之间的贸易。于是，如果一国执政将自己的货币的价值定得离谱，这在本国公民与外国人的贸易中是无用的。[33]

尽管重农主义者杜尔哥（Turgot）也以亚里士多德的方式解释了货币的起源，[34]但他的结论确是：

> 金银以及货币和通用货币的价值设定……不是靠任何人类的武断协定，也不靠任何法律的干预，**而是由于事物的本质（确定）**。[35]

在杜尔哥看来，一切货币本质上是商品，而任何商品都可用于间接交换。[36]“因此纯粹约定的货币是不可能存在的”，[37]这一观念引导出了他的结论，即金属，尤其是金银，天然地是适于用作货币的物品。[38]

由于亚里士多德宣称间接交换的惯例和本质都是影响货币起源的要素，因而普芬道夫和杜尔哥的解释都是从亚里士多德的学说发展而来。约瑟夫·熊彼特为这两个论点分别贴上了卡托尔（Cartal）和金属论（Metallist）理论的标签。[39]如同晚期经院哲学家，奥地利学派经济学家也在亚里士多德的基础上发展其货币理论。[40]与其主观价值理论一致，米塞 135
斯下结论说“人类因其矿物学、物理学和化学特性而选择贵金属金银作为货币”，[41]是完全有可能的。他进一步指出，采用“黄金而非他物……作为货币不过是一个历史事实，而非交易经济学所设想出来的”。[42]

在晚期经院哲学家看来，货币价值的确定与其他商品一样。[43]他们将实用性和稀缺性看作是影响其价值的主要因素。经院学者认为货币的有用性与其总量密切相关，他们指出，当货币持续贬值，人们就会减少实际现金的持有量。于是，货币的法定价值减低会导致价格同比例上涨。他们还说，哪里急需用钱（比如在定期集市上），哪里的货币价值就最高。

晚期经院哲学家——尤其是阿兹皮尔库埃塔——一般被尊为“货币数量理论”最早的构想者。[44]第五章里的那些语录足以证明这一尊荣名至实归。中世纪经院学者对几乎所有影响货币价值的因素都知晓。他们宣称，如同所有其他商品，货币价值也会起伏波动。尽管如此，人们总是希望货币的价格波动比其他商品小。杜尔哥还认识到货币“价格”的这种自然变化。[45]他承认，一种稳定的货币是值得期待的目标，但完美的稳定并不存在。

由于晚期经院哲学家的货币政策建议和分析是以其货币价值理论为基础的，因而在经济政策领域，他们的结论与现代自由主义论者相似也就不足为怪了。经院学者宣称，货币贬值引起财富领域的变革，削弱政治稳定的基础，侵犯财产权利。它还造成商业（国内和国际贸易）上的混乱，导向萧条和贫穷。在马里亚纳看来，货币贬值至少是一种暴虐的掠夺手段。[46]

在经济伦理方面，博士们谴责将货币贬值作为大规模削减实际债务手段的做法。马里亚纳严厉批评那些通过降低货币成色来偿债的君主。另外一些晚期经院哲学家特别指出，应以合同签署时流通的货币偿债。[47]

萨缪尔·冯·普芬道夫以类似的论点批评货币贬值政策。[48]他甚至提到过马里亚纳（但未引用其论点）。普芬道夫同样认为货币贬值严重损害私人财产。他宣称："如果钱币掺了那么多合金……真正的钱币只得为自己的卑劣而脸红。"[49]普芬道夫同意，在必需情况下求助于该政策的君主可以得到谅解，但"条件是事后错误得到改正"。

136 只要认真地读读亚当·斯密的《演讲集》和《国富论》，就会发现这些论点对其思想的影响。他最早在《演讲集》中指出货币贬值现象的广泛存在：

> 比如，一到要紧的当口，就像还债或发放军饷之类，它（政府）要付 200 万但手头还不到 100 万，于是就调用国家的钱币，掺入更多的合金，结果弄出 200 万，且尽可能地像之前的钱币。每个国家都在这么干。[50]

在《国富论》中，斯密重申："钱币的面值上升被当作最常用的权宜之计，由此，虚假支付的表象掩盖了政府的实际破产。"[51]斯密在书中对这种做法大加挞伐。[52]

贸易

通过强调贸易和商业的重要性，并指出人类社会得益于商品交换，晚期经院哲学的后继者继续不断地提供证明国内和国际贸易必要性的详尽证据。他们认识到，商业的需求源于人类自身的局限性和生存地域的差异。由于各地物产不同，经院学者宣称，只有通过商业，每一个国家才能享用到各种不同的食品。[53]

尽管普芬道夫承认商业的益处，[54]但他远比西班牙经院学者倾向于主张限制。他引用利巴尼奥斯（Libanius）的《演讲集》（*Orations*）第三篇，将商业的缘起追溯到神意：

> 上帝并没有将礼物赐予所有地方，而是根据地域进行分配，由此让人因了互相帮助的需要而倾向于建立社会关系；并且他还揭示了贸易的渠道，意在让所有人都能享用到由少部分人生产出的那些产品。[55]

在列举古代雅典人将麦加拉人逐出其市场和港口这一事例时，普芬道夫提到，后者抱怨说此举有违“公正的习惯法”。他不完全同意这种抱怨，他评论道“这类主张允许有许多限制”。[56]在普芬道夫看来，邦国有权不让外国人从事那些绝对没有必要存在的物品的贸易，尤其是“那些会让国家遭受严重损失或间接伤害的”。[57]在17世纪贸易保护主义盛行的背景下，对于国家“出于有益国家”而禁止出口某种商品或控制国家间贸易的做法，普芬道夫拒绝谴责。于是，他允许合宜的法律限制进口，“因 137
为国家可能因进口而受到损害，或者为了激起我们的公民从事更大产业的热情，或者为了避免让我们的财富流入外人之手”。[58]他引用柏拉图的话来为这一观点辩护，特别批评了维多里亚的自由主义态度：

> 为此，维多里亚在坚持如下立场时肯定是错误的：“国家法律允许任何人可以在其他省份从事贸易，输入当地缺乏的商品，输出金银以及他们富余的其他货物。”[59]

在指出当局有权施行贸易限制，并基于同样原因其也有权为了共和国的利益而征税的同时，普芬道夫规定，国民则无此权利。[60]

他特地表明,"不让一个在有热切需求的顾客中经销其充足商品的人,通过交换获取其自用的必须品,既不人道也不公平"。[61]

提出"放任自流"(*laissez faire*, *laissez passer*)的是重农主义者。他们对商业和贸易持赞许态度。在杜尔哥看来,土地的差异和需求的多样导致了产品的交换。[62]他指出,商业造福人类社会,因为"这让每个人都得益,每个人全心全意地从事一种工作就会做得更好"。[63]

亚当·斯密则总结道,劳动分工带来国家财富,这有力地证明了国内和国际贸易具有正当性。但他未能摆脱重商主义的理论倾向。与由自由贸易团结起来的共和国相敌对的人们,经常引用他对舰船工业征收保护性关税的主张。[64]

在古典自由主义者之中,路德维希·冯·米塞斯将劳动分工及其对应物(人类的合作)看作人类社会的基本现象。他宣称,劳动分工原则(以及由此而来的商业原则)基于自然法,造就了人类社会:[65]

> 人类社会是一种智识和精神现象。它源自对一种普遍法则的有目的的利用……也就是,劳动分工带来的更高的生产力。正如所有事例所表明的,对于自然法则的认识均服务于人类改善其境遇的努力。[66]

在米塞斯看来,劳动分工不仅产出了经济成果,而且在社会合作的框架内,"社会成员之间产生了同情和友谊的情感,以及一种归属感"。[67]

138 我们不能说晚期经院哲学家的著作完全摆脱了重商主义思想。[68]然而,他们支持贸易自由。他们中的绝大多数都清楚,是西班牙重商主义政策造成了西属美洲殖民地的贫穷,因为从那里回来的各教派的传教士都极为详细地描述了这些麻烦。自由而团结的共和国与其大公教会的愿景并非格格不入。

价值与价格

晚期经院哲学的价值和价格理论形塑了后来的经济思想。格老秀斯、普芬道夫、重农主义者、苏格兰学派和奥地利经济学家都受他们著作的影响。普芬道夫认识到使用价值(virtuositas)[69]和实用性[70]的影响。他不同意格老秀斯的分析——“每个事物最自然的价值尺度就是对它的需求”[71]。他争辩道,如若果真如此,那么给人以悠闲快乐的物品就无法标价,但“人类常给这类物品定价”[72]。

著名的清教牧师约翰·科顿(John Cotton, 1584-1652)曾提出一种与晚期经院哲学惊人相似的思想。约翰·温斯罗普(John Winthrop)说,在一次演讲中,科顿列举了他所认为的理所当然的贸易规则:

1. 一个人出售商品不可高于流行价格(current price),也就是说,这个价格是此时此地通行的,且有另一人(知道该商品的价值)恰要用到该商品而会付钱购买;就像那被称为“通货”(current money)的,人人都会采用,等等。

2. 一个人因缺乏应有的技能等等而亏了钱,他必须认识到这是他自己的错或挫折,因此绝不可赖别人。

3. 一个人因海难等等遭受损失,这是天意,他不可通过转嫁他人而疏解自己;为此,一个人似应深谋远虑,时时防范,等等,这样他就不会损失;而哪里商品稀缺,他在那里就可以提高售价;此时是上帝而非人类眷顾了这个商品。

4. 一个人只可按售价出售商品,就像以弗伦(Ephron)给亚伯拉罕的地就值那么多。[73]

任何一位晚期经院哲学家都会写下这些规则。

重农学派所说的“真实价格”(true price, *le prix veritable*),同样也可以被定义为经院哲学所说的“公平价格”(just price)。他们将需要和需求的影响视作一切交换和价格的基础。杜尔哥写道:“互惠的需要使人们互通有无。”[74]另一方面，他还列出其价值和价格理论中的其他要素：

> 139 只要我们将每次交换看成是独立自足的事件，被交换的物品的价值尺度，只能是协议双方的需求或欲望，以及真实意思，且为双方平衡的结果，价值只能由他们意愿的协定来确定。[75]

在一本出版于1747年的书中，哈奇森（Hutcheson）用一个简短的章节讨论了价值或价格和商品。他遵循了普芬道夫的理路。[76]这或许就是亚当·斯密所传授的价格理论会包含许多晚期经院主义因素的缘由。大部分现代历史学家宣称亚当·斯密的价值理论是以商品的生产成本为基础的。[77]然而，在其《讲演集》中，斯密的推论与晚期经院哲学的相似：

> 当一个买家来到市场，他绝不会问卖家生产这些商品的花费。商品的市场价格有以下几条决定：
>
> 首先，是需求，或者说是对该商品的需要。没什么**用处**的东西不会有需求；它不是合理的**欲求**对象。
>
> 其次，与需求相对应的货源充裕或**稀缺**。如果商品稀缺，则价格上涨，但如果供大于求，则价格下跌。于是，钻石及其他宝石价格昂贵，而铁尽管更有用却便宜得多，而这主要取决于最后一个原因，亦即——
>
> 第三，需要该商品的是富人还是穷人。[78]

上述文字段落表明，这是一种与晚期经院哲学著作完全一致的价值理论。需求、使用、欲求和稀缺，这些就是经院学者用以解释定价原理的全部术语。斯密所提及的第三要素，与康拉杜的解释相似，后者为西班牙经院学派所采纳。雷蒙德·德鲁沃尔指出，“经院哲学的价值和价格理论没什么错误。它以效用和短缺为基础，亚当·斯密并未有所改进”。[79]三个世纪后，奥地利经济学家的著作才对其进行了改进。在一篇发表于1891年的文章中，尤金·庞巴维克描述了奥地利经济学家的独特性。他在文章的开头宣称：“奥地利经济学家的研究领域是严格意义上的理论。”就奥地利学派在实证理论领域所表现出的特质而言，他首先指出的就是价值理论。构成奥地利经济学派思想之基础的是他所谓的边际（最终）效用（marginal [final] utility）。在提出价值观念“只有当商品没有丰富到可以满足一切需求时才会存在”之后，弗里德里希·冯·维塞尔对最终或边际效用理论作了如下解释：

> 一件商品的价值确定，不是按其实际拥有的效用，而是根据该 140
> 商品的效用度，也就是说，如果不拥有该商品也就不能享受这种效用度。[80]

圣贝尔纳迪诺所举的例子惊人聪明地图解了冯·维塞尔的观点。考虑一下在一座山里水和黄金的比价，显然失去水就丧失生命。圣贝尔纳迪诺指出，水将比黄金更受重视，价值更高。在经济价值理论方面，晚期经院哲学无疑是奥地利学派的先驱。[81]将理论建立在效用、短缺和估值之上，他们为解释经济物品价值提供了所有必要的因素。E. 庞巴维克公开承认，经济学家需要解决的最重要的问题之一，便是破解“既定商品的市场价格，与个体一方面根据其不同需要和偏好、另一方面又根据其财产和收入而对这些商品作出的主观**估值**之间的关系”。[82]在他看来，价格（或客观价值）是“买家和卖家遵照最终效用法则作出的对商品的不同主观估价合力形成的结果”。[83]

经院哲学的博士们都同意政府有权设立法定价格。然而，他们不同意将这种价格控制作为方便法门。大部分现代经济学家出于功利主义的立场，不会不反对当局者的定价“权”。相反，他们会像阿兹皮尔库埃塔、莫里纳或维拉罗博斯那样论证说，价格规定是无效的，没有它生活会更好。[84]尽管他们同意，为了保护私有财产，税赋是必不可少的限制手段，但另外一些运用自然法方法的自由主义者则将价格控制视作对财产权的不可接受的限制。

对于不公平的法定价格，晚期经院哲学家直截了当地宣称，它在道德上不具强制性。这些作者对于当今发生的“地下经济”的交易，不会不分青红皂白地加以谴责。[85]只要是当局制定的价格，如果它不能覆盖产品的成本，就可以认为是不公平的。经院哲学的道德家们对那些不遵守这类法规的人极为宽大。他们甚至认为，那些以缺斤少两或降低质量来弥补由不公平价格造成的损失的行为具有正当性。[86]

在大部分自由主义著作家看来，某项交易是否公平取决于其是否出于参与方的自由意愿，以及自愿参与。晚期经院哲学家也坚持类似立场，但在对自愿行为的定义上他们有自己的看法。他们认为，事实上交易发生时没有明显的强迫情形不足以证明各交易方即完全自愿。他们讨论的核心放在了亚里士多德的那句格言上，即“没有人会自愿受到伤
141 害”(*volenti nonfit injura*)，而对此有两种不同的解释。对于一项交易的参与者，事前的教训是：“如果你自愿做这项交易，那么显然你是想借此获利，因此事后如果发现你自己是作了坏决定，那也就没什么可抱怨的。”[87]较少采用的事后解释规定：“如果在交易之后，你发现自己的情况比之前差了，那么这项交易就是不公平的，因为没有人愿意伤害自己。”经院哲学家的解释暗示着，买卖一方的无知，在某些特定的情况下，使交易显得并非出于自愿。尽管晚期经院哲学家允许人们靠更丰富的市场知识牟利，但在道德方面他们谴责利用消费者的无知获利的行为。

博士们毫不妥协地谴责垄断。[88]需要加以重点关注的是，经院学者并不谴责垄断行为本身，因为他们不认为规模(一个很大的企业)或排他性(在某个商业或生产领域具有独占性)是坏的品质。他们真正谴责的是某种由官方特权造成的垄断，以及通过商人之间的秘密协定或囤积居奇所建立起的垄断。[89]

只要国王通过授予某种专有特权而允许某种垄断，晚期经院学者就会认为其中存在滥定价的可能。为此，他们建议国王确定“公平价格”。他们设想的唯一法则是成本加利润定价法。有趣的是，这种作为当时之标准的成本加利润定价法，如今依然是公有垄断企业的标准定价法。按雷蒙德·德鲁沃尔的说法，反托拉斯法的共谋性理念可追溯至经院哲学的判例，植根于中世纪的公平价格概念。[90]

格老秀斯赞同晚期经院哲学的垄断理论，即规定垄断违反了自然法。垄断只有在下述情况下才是可以的：(1)出于正当的理由而为国王所允许，并有一个确定的价格，以及(2)要价不高于公平价格的私人垄断。[91]对于晚期经院学者所描述的四种垄断类型，[92]普芬道夫将法定垄断看作是真正的垄断：

> 垄断，就其本来的意义而言，个体市民是无能力建立的，因为它具有特权的强制性。一个无权下令、也不能使用强制力量的个体市民，怎么会有能力禁止其他市民从事某个领域的商业活动？[93]

市民只能诉诸某些“靠偷偷摸摸的欺诈和阴谋建立起来的”虚假垄断。普芬道夫罗列了会造成这类“垄断”的行为：(a)阻止其他市民接近商品便宜的地方，(b)妨碍他人带商品来市场，以及(c)囤积居奇。[94]他谴责那些靠这些手段以“不公平的价格”出售商品的商人。他还责备那些 142
秘密协商搞价格同盟的工人和艺人。[95]尽管普芬道夫的分析是以晚期经院哲学思想为基础的，但看起来与古典自由主义的结论更为一致。20世纪的自由主义者通常只是谴责那种通过法律限制自由准入或给予特权(诸如税收优惠或提供补贴)而建立的垄断。大部分现代分析家都同意，直接的强制和欺诈造成的是不自愿的交易，但涉及无知[96]和垄断的事例则存在着更大的争论。当代思想可能会挑战晚期经院哲学的某些经济政策建议(他们同意价格控制，他们谴责垄断)。经院哲学的理论基础既有支持者，也有反对者。

分配公正

公正公平是经院哲学家首要关注的问题。[97]遵循亚里士多德和托马斯的方式，他们认为交换公正关涉交易，分配公正关涉公共物品的分配。后来的对这一差别的致命忽略造成了许多问题。[98]当代理论家常常将工资、利润和租金之类应属交换公正领域的议题，分派到了分配公正的领域。一种以总量分析为基础的经济学的发展会加重这一状况。诸如大卫·李嘉图(David Ricardo)和约翰·斯图尔特·密尔(John Stuart Mill)等19世纪经典作家，将生产过程和生产要素(土地、劳动和资本)作为一个方面，将分配过程及其形式(地租、作为劳动报酬的工资和由资本产生的利润)作为另一个方面。采用这一理论框架，道德家们开始将分配过程当作一种与生产过程相关的独立单位。更为糟糕的是，他们把工资、租金和利润当作分配公正的议题，而没有抓住在一个自由社会中工资、租金和利润(或亏损)源于商品和服务的个体交换这一要领。探讨公正的“水准”应根据交换公正的标准。

公平工资

经院哲学的公平工资理论如同其价格理论，既有缺陷也有长处。将其一般的理论框架应用于生产要素价格，是他们的分析的积极方面。由于博士们承认生产要素受市场运营力量的支配，他们认为劳动价格(即
143 工资)同市场中其他商品的价格是一样的。他们推断，市场的一般估价加上劳动力供求关系的互动因素，造就了公平工资。[99]

普芬道夫的思路显然与之相似。在《论自然法》(*De Jure Naturae*)中，他宣称：“出租和雇用——以一定的价格向他人提供物品或劳动的使用权——与买卖相似，实际上受制于同样的法则。”[100]这种方法也是非常实际的，因为他指出，“任何失业的人受雇用而获得一份适度的工资，一

定心满意足，而那些其服务人们孜孜以求的则可待价而沽”。[101]

对于供求关系对工资造成的影响，晚期经院哲学家并不持悲观态度。相反，杜尔哥最先写道：劳动者注定只能获得维持生活的最低工资。他认为：“工人的工资仅限于维持其生计，任何工种概莫能外，事实确是如此。”[102]

经典经济学派的作家们同样运用供求关系分析来描述工资是如何在市场中确定的。然而，他们的论证并未停留在劳动力的供求分析上。运用劳动价值理论，李嘉图推断道，“确定工资变动率的唯一因素（除了劳动力市场的缓慢波动之外）是必需品的价格”。[103] 此前数十年，亚当·斯密已提出了一种工资理论，它具有最低工资理论的雏形。[104] 在《论公正的讲演》（*Lectures on Justice*）中，斯密写道：“那么，一个人的劳动有其自然价格，它足以维持其在劳动时的生存，足以支付其教育费用，足以补偿其活不下去和职业上不成功的风险。”[105] 斯密还指出设立工资基金（一份用以维持劳工生活费用的资金）的想法，后来约翰·斯图尔特·密尔将其发展得更为全面。[106]

在晚期经院哲学家看来，工资、利润和租金是关涉交换公正的事情。目下的经济理论则有时将它们归作分配公正的事情。[107] 经典作家们将生产从分配理论中分离出来，规定它们由不同的“法则”规制。他们的这一分析论述方式，即将分配（工资、利润和租金）适用的法则与影响价格的那些区别开来，对后来商品和生产要素价格的不同的合法处理方式的确立，可能产生了影响。[108]

对于不同类型的工作理当对应不同的工资标准，亚当·斯密的论证与圣贝纳尔迪诺的相似：

> 工资的高低随工作的轻松或艰苦、干净或肮脏、体面或不体面而变动。于是，在大部分地方，以年度为周期，一个熟练的裁缝比一个熟练的织工赚得少。因为他的工作简单得多。[109]

144 斯密还指出了教育方面的要求对工资的影响：

> 不同的行业一定存在着很大的差别，因为有些行业，比如裁缝和织工，不是像散工那样随便看看，摆弄几次就能学会的，而是颇费时日、煞费苦心才得以掌握的。[110]

在说明工资应该足以补偿工人十年或十二年教育费用时，斯密指出，比如钟表匠就应比散工赚得多许多。[111]斯密还引述了另一位作者曼德维尔(Mandville)的观点，后者认为，在确定价格和工资方面，稀缺度比有用性更重要。[112]

亚当·斯密的分析源于他的价值的生产成本理论。“在其他条件相同时，要求更多劳动、危险、技术和勤勉的工作受到社会更高的评价”，圣贝尔纳迪诺得出了类似的结论。[113]然而，说成本在定价方面具有重要性，并不与一种以主观效用为基础的价值理论相矛盾。[114]经院哲学的博士们并未将其有关工资确定的讨论限定在供求关系和成本的议题之内。西尔维斯特宣称，生产性物品(*rei fructuosa*)的价格应以预期可从该产品获得的收益(*reditus*)为基础。这或可视作一种隐性的归算论(imputation theory)，奥地利学派用类似的理论解释生产资料的价值。弗里德里希·冯·维塞尔被认为最早以“归算”(imputation)这个术语来描述这样一种思想，即“生产资料所具有的效用度完全取决于以其生产出的商品的效用度，并以此为基础”。[115]维塞尔补充道，按照奥地利学派的观点，

> 价值估算应该以效用估算开始，即以产品的效用为基础，并推展到生产资料。这样做的结果就是，生产资料的效用和价值最终就是产品的效用和价值。[116]

维塞尔将这一理论应用于劳动力及其价格的分析。他宣称，劳动力

的稀缺及其生产能力有助于工资的确定。于是,劳动力就可以要求有一个价格,即便其中“什么花费也没有”。[117]维塞尔认为,在价值和价格理论中(包括劳动力的价格),人类的估价是最基本的要素。一种生产性的商品“在人们对此(指这种生产性商品生产出的商品)不再估价时就失去了价值”。[118]

维塞尔判断,“最重要的事实是,生产性资产和生产力的价值乃是对产出商品期望价值的预期”。这一格言与西尔维斯特的断言非常相似,后者认为一种多产的(fruitful)商品的价格必须以从其获得的收益为基础。用维塞尔的话说,就是我们必须考虑“成果(fruits)预期的全部价值”。[119]

维塞尔的理论不允许有这样的结论,即,如果生产出的商品未能卖 145
出,劳动者就不该支付报酬。晚期经院哲学的学说同样规定,双方议定的工资必须按合同履行支付。如果这样,那就是损失必须由商人来承担。出于同样原因,如果商品卖出了远高于成本的高价,那么所有利润则由商人独享,而无需与其他生产性要素(包括劳动力)的拥有者分享。

晚期经院哲学家也考虑到了这样一种情形,即劳动者以合伙者形式分享利润。他们只有在损失也必须共担的前提下才支持这一方式。和晚期经院哲学家一样,亚当·斯密同样谴责劳力市场中的不公平做法,主张法律对于雇主的串通密谋和工人间的协定应采用同样严重的处罚。[120]尽管斯密和圣安东尼诺都承认工资可以用钱也可以用物来支付,但这位苏格兰经济学家宣称,“法律强制各类买卖的雇主都用钱而不是物品支付工资,那是很公平公正的”。[121]此外,他还反对未经工人要求或同意就以实物作为工资。[122]

在经济政策方面,奥地利经济学家始终反对使用社会暴力,除了出于自卫的原因。为此,他们反对工人或雇主的任何一方采用暴力强制实行某种与由市场确立的相异的工资。几乎所有自由市场经济学家都谴责高压性的工会行动。然而,对于工会行为本身,却存在着一种复杂的情感。古典作家时常对雇主的结盟比工人的更为鄙视。[123]

在当代经济政策中，家庭工资的概念逐渐显出非常的重要性。经院学者明确地谴责这样的提议，即公平工资的确定，应参照劳动者及其家庭的需求。他们并未忽略家庭工资的议题；家庭工资与其理论——公平工资是在无欺诈的状况下由一般估价确定的——相违背，为此他们拒斥它。[124]古典自由主义经济学家同样赞同这样的格言，即，如果工人得到了雇用双方自愿约定的合同工资，那他们就没什么好抱怨的。[125]

利润

中世纪经院学者将商业利润和劳动报酬安排在其著作的不同章节里讨论。然而，现代经济学家视作劳动报酬的，有时他们会看作是商业利润。[126]现代经济学家将商业或企业家利润定义为由企业家通过对未来
146 市场状况的正确预测而获得的收益。在这个意义上，如果企业家的劳动被定义为对消费者的欲求和市场状况的确定性预测工作，那么利润也就只能被解释为是这种劳动的报酬。值得注意的是，晚期经院哲学认为通过以公平价格（即市场价格）买卖物品获得利润具有正当性，而这一看法也隐含着通过准确预测未来获利的正当性。他们曾举例说，一个商人将在某地区既便宜又充裕的物品贩运到预期能以更高价格出售的地区。根据其预计的准确性，他要么获利要么赔钱。晚期经院哲学家们认为，无论投入多少成本和劳动，该商人理应拥有由此而获得的利润。他们明确反对以成本、风险和劳动来证明利润之正当性的想法。由于认为利润只要是通过以市场价格买卖获得就是正当的，经院学者们反对任何对利润的法定限制。出于同样的原因，他们也反对随生产成本而固定利润的做法。由于确信生意（包括生产和贸易）应该有赚有亏，博士们宣称，不冒风险就能赚钱的想法是完全反常的，他们谴责那些寻求政府帮助的商人。

古典自由主义作家同样责备这类态度。路德维希·冯·米塞斯认识到，企业家获取利润的努力有可能使其越轨：

> 如果他为继承者的命运而忧心忡忡，并且希望以有违公共利益的方式为他们而巩固其财产，那他必定会成为资本主义社会秩序的敌人，谋求各种约束竞争的做法……于是，出于对自己财产及其继承者财产的考虑，企业家会不由自主地支持而非反对社会主义……[企业家们]会乐于联合起来，维持关税以及其他与自由主义的要素和原则相抵触的限制手段，并且抵制任何可能伤害他们的政府干预措施。[127]

由于宣称即便交易的目标可能不道德但利润仍可以具有正当性，博士们认为赌博也具有合法性，这就使正当性的大门向任何类型的企业利润敞开了。经院学者对卖淫收入的态度也表明了这一点。[128]

利息和银行业

晚期经院哲学的利息学说，不能被视作后来论证利息支付正当性理论的发展中的决定性因素。然而，由于对“现钱比不在手头的钱更值钱”这一事实的强调，及其金钱可以视为一种生产性商品的信条，一些中世 147
纪晚期的作家完全有可能对利息支付抱积极的态度，[129]他们并未确定这类争论不足以抵消他们对商业活动——包括利息支付——的批评。菲利普·德·拉·克鲁兹神父却是一个例外。尽管德·拉·克鲁兹非常仔细而博学地引用其他晚期经院哲学家的论述，但他仍不可被视为晚期经院哲学的利息理论的标准解读者。

普芬道夫对利率的看法与德·拉·克鲁兹所支持的相似。普芬道夫断言，依靠人类之勤勉的帮助，钱“无论就其本质还是为了邦国，就是用来最富成效地为其自身谋取有利可图的事物的”[130]。与此同时，他宣称，“将自己的财产租给他人并不是违背自然的事情”[131]。

毕业于神学院的杜尔哥深受神学教义的影响。[132]他不同意那些反对利息支付的人的看法，在《深思集》(*Reflections*)中，他用了一整章的篇幅驳斥经院学者在这方面的错误。[133]他先是说道，“还没有真正看清有息借贷的本质，某些死板而不开明的道德家便力图使我们将[利息]视作一种罪”[134]，随后杜尔哥重提了钱可以“有产出”的观点：

> 人们认为钱是一种物质，就像众多的金属一样，不会生产任何东西；但钱投入企业……就会产出一定的利润。[135]

然而，杜尔哥的利息支付正当性理论以这样一种信念为基础，即钱的主人爱怎么花都可以。他宣称，如果借款人同意支付贷款人要求的利息，那么显然双方都认为这是件有利可图的交易。[136]

英国古典经济学家约翰·洛克、亚当·斯密、大卫·李嘉图和约翰·斯图尔特·密尔的学说则给利息合法性的确立以更大支持。他们都认为支付利息是天经地义的现象。另一方面，奥地利经济学家则更好地理解了利息支付的实质。他们论证道，自然利率——或用庞巴维克的说法“原始利率”——源自这样一个事实，即对于同样的物品，人类赋予眼前的比未来的以更高的价值。这一时间偏好理论将利息视作人类天性中的内生之物。[137]在初版多年之后，这一领域内的主要著作仍是庞巴维克的《资本与利息》(*Capital and Interest*)。另一些奥地利经济学家，尤其是路德维希·冯·米塞斯，后来改进并拓展了庞巴维克的理论。

在对之前的利息理论进行批判时，庞巴维克用了一章篇幅来论述中世纪和晚期中世纪的学说。他不仅引述和批判圣托马斯·阿奎那的思想，同时也针对支持托马斯主义的某些晚期经院哲学作家。庞巴维克对迭哥·德·科瓦卢比阿斯·依·勒维阿尤加挞伐。值得注意的是，庞巴
148 维克只是在注脚中才提及经院学者的“现钱比不在手边的钱更值钱”这一认识。[138]那些提出对利息的理解的理论家著作并未表明晚期经院哲学有助于他们的论证。经院哲学家更容易被视作长期以来对利息支付抱以谴责态度的早期支持者。[139]这并非说中世纪晚期的经济思想应对利息

理论的落后负责。不能指望一个学者群体可以全面解决其面临的所有智识问题。晚期经院哲学家没有能力构建一种清晰的、一致性的利息理论，无损于他们在其他方面的贡献，否则我们也会因经济物品价值理论方面的内在错误而忽视古典经济学说的教诲。

尽管由于没有解决利息问题因而导致对银行业的功能缺乏足够的分析，但一些有关这方面的经院哲学的论证还是让现代经济学家颇感兴趣。莫里纳所宣称的银行家唯一的法律义务是在客户需要时准备好钱，为推进“自由银行业制度”和反对强制性准备金规定提供了论据。然而，如果利息支付为法律所禁止，谈论银行业的自由是困难的。

德鲁沃尔辩称，借贷利息被禁止，“银行家便转而寻找别的创造利润的办法——从事国际汇兑”。他认识到，“由于通信迟缓”，购买国外汇票“经常涉及授信和兑换”。[140]事实上，银行可以将利息支付隐藏在国际汇兑业务中，但必须注意，这种“上不了台面的”操作透露了一种对借钱即付对价的行为的消极态度。为此，赞同德鲁沃尔的结论——“经院哲学的经济学的最大弱点就是其高利贷学说”[141]，而不同意熊彼特的评论——这些作者“开启了利息理论”，要更为安全一些。[142]

注释：

1. Adam Smith, *An Inquiry into the Nature and Causes of the Wealth of Nations*, 1776, ed. E. Cannan (New York: Modern Library, 1937).
2. 尤其是经院哲学家对高利贷的分析(参见第十一章注 1)、他们的公平价格理论(如 Raymond De Roover, B. W. Dempsey 和 Maqorie Grice-Hutchison 的著作)以及政治思想(如 Bernice Hamilton's *Political Thought in Sixteenth-Century Spain* [Oxford: Clarendon Press, 1963])。
3. 参见第 4 章。多明戈·德·索托也写过类似议题的作品。*De lustitia et lure* (Madrid: IEP, 1968), bk. III, q. 3, art. 1, English translation in Hamilton, *Political Thought in Sixteenth-Century Spain*, 100 - 101.
4. Adam Smith, *Lectures on Justice, Police, Revenue, and Arms* (New York:

Kelley Millman, 1956),8.

5. Ibid., 107.

149 6. "Private property is a human device." Ludwig von Mises, *Human Action* (New Haven, Conn.: Yale University Press, 1949),679.

7. Hans F. Sennholz, *Death and Taxes* (Washington, D. C.: Heritage Foundation, 1976),12. William Graham Sumner 写道:"土地私有制只是一种劳动分工。" *What Social Classes Owe to Each Other* (New York: Harper Row, 1883),50 - 51.

8. F.冯·维塞尔认识到"财产重要的观念只是源于短缺","The Theory of Value: A Reply to Professor Macvane," *Annals of the American Academy of Political and Social Science* 2 (1891 - 1892): 600 - 28, reprinted in *Economic Thought*, ed. James A. Gherity (New York: Random House, 1969),315。

9. Ludwig von Mises, *Socialism* (Indianapolis: Liberty Press, 1981),34.

10. Ibid.

11. 正如教皇利奥十三世所写的那样:"简言之,受占有眼前事物的贪欲——**这是'万恶的根源','有人曾因贪求钱财而离弃了信德'**(《第茂德前书》6:10)"——所驱使,**他们攻击为自然法所认可的财产权**,并且明显是由于堕落,却声称热切地感知到需求,急于满足所有要求,对于那些个人通过合法继承获得的遗产——经由智力或体力的劳作,或靠省吃俭用而积累的的财产——他们无不用其极地抓取并将之化为公有。" *The Great Encyclical Letters of Pope Leo XIII* (New York: Benziger Brothers, 1903),23.(黑体为笔者所加)

12. 那种认为必须由法律来迫使私有财产得到合理使用的观点,与教皇庇护十一世(Pius XI)的《四十年通谕》(*Quadragesimo Anno*, 47)相悖:"为了给关于所有权及其固有责任的争论划定一个讨论界限,首先必须以利奥十三世定立的原则为基础,即财产的所有权与其使用是不同的。所谓'交换的'正义,要求对财产的划分持神圣的尊敬态度,禁止超越自己的财产范围侵犯他人的权利;但是,所有者仅应以正确的方式使用其财产的责任,并非受此种正义而由另一些美德的辖制,那是些**不能由司法行为强制施行的**责任。因此,那些断语私有权及其正确使用受同样界线限制的人是错的;而**认为由于滥用或不用的原因导致某项财产权遭到破坏或损失,则远非事实的真相。**"(黑体为笔者所加)

13. Mises, *Socialism*, 27.

14. Ibid.

15. Ibid., 30.

16. Ibid.

17. Ibid.

18. Ibid.，31(黑体为笔者所加)。米塞斯甚至走得更远，他评述道："我们将不得不视消费者为自然意义上的真正所有者，而将法律意义上的所有者描述为他人财产的管理者。"Ibid.

19. Ibid.，680. 米塞斯还引用一般利益作为私有财产的存在理由。Ibid.，454. 150

20. 最有名的为解放神学辩护的书是古斯塔沃·古铁雷斯(Gustavo Gutierrez)的《解放神学》(*A Theology of Liberation*，New York：Orbis Books，1973)。下面这个正文的脚注反映了他的极端立场："只有当劳动被当作人类唯一有效的原则，人类经济活动的基本动力是社会利益，资本受工作支配，**生产资料公有之时**，一个新人和新社会才有可能出现。"(黑体为笔者所加)

21. Mises，*Human Action*，308.

22. 参阅第五章。美国的国父们通常谈论共和制而非民主制。他们清楚不受限制的多数人统治以及任何其他不受限制的政府形式的危险性。"一切权力——立法的、行政的、司法的，无论是通过继承、自封或选举的方式落入同一只手中——无论是一个人的、少数人或许多人的，就可以理直气壮地称为暴政。"《联邦党人文集》，no. 47。晚期经院哲学关于政府的职责和人民的权利的思想，在西班牙的美洲殖民地非常有影响。其中有两个例证，一是西班牙传教士坚定地为印第安人的权利辩护(比如，Bartolome de las Casas，*Obras Esrogidas* [Madrid：Editions Atlas，1957－1958])，一是共和理想在这一区域的绝大部分地区广为流布。一些著名历史学家已论证，在一些最重要的西班牙美洲殖民地上，引领革命的思想源于晚期经院哲学的教诲。吉列尔莫·弗隆(Guillermo Furlong)也持这一观点。他提到，维多利亚、马里亚纳和苏亚雷斯在拉丁美洲影响巨大。*Nacimiento y Desarrollo de la Filosofia en el Rio de la Plata* 1536－1810 (Buenos Aires：Ed. Kraft，1952).尽管这一结论或许过于肯定，但晚期经院哲学家绝不能被看作是现状或极权政府形式的捍卫者，这是显而易见的。

23. 汉密尔顿(Hamilton)在《政治思想》(*Political Thought*)第 57 页中分析了西班牙经院哲学思想对这一主题的论述。

24. 在认识到每个公民是共同体的一个部分，并且为他们而制定的法律由此"必须引导他们趋向整个社会的公益，就像身体的各部分服务于整体一样"之后，索托强调个体的终极善是："一个成员(也就是，人体的一个部分)，其存在与整体的存在无异；仅就其自身并无能力正确或非正义。但，一个人尽管是共同体的一个部分，然而也是一个为其自身存在的人，为此他会做出国家并未强求其做的非正义的事情。" *De Iustitia*，bk. 4，q. 4，art. 1. Translation from Hamilton，*Political Thought*，30－31.

25. Mises，*Socialism*，456.

26. 有一派自由主义者反对任何对私有财产的限制，为此反对将一个人群的物品
151 强制拨给另一人群，无论多少。这一派的精神领袖是穆瑞·罗斯巴德(Murray Rothbard)，他在以下著作中宣传其观点：*Man, Economy, and State: A Treatise on Economic Principles* (Princeton, N. J.: Van Nostrand, 1962); *Power and Market, Government and the Economy* (Menlo Park, Calif.: Institute for Humane Studies, 1972); and *For a New Liberty: The Libertarian Manifesto* (New York: Collier Books, 1978).

27. Mises, *Human Action*, 730.

28. Ibid., 731.

29. 参阅第五章。

30. Mises, *Human Action*, 734.

31. Samuel Pufendorf, *De Jure Naturae et Gentium Libri Octo*, ed. J. B. Scott (London: Oceana, 1934), 690. 随后他引述了亚里士多德关于货币的大部分评述，甚至包括货币有助贸易，以及贸易支撑"政治上的结合"(《大伦理学》，第一卷第34[33]章)。Ibid., 691。

32. Ibid., 692.(黑体为笔者所加)另一方面，格老秀斯指出，货币是"自然地获得其功能的"，*De Jure Belli Ac Pacis Libri Tres*, ed. James Brown Scott (London: Oceana, 1964), bk. 2, chap. 12, 354。

33. Ibid., 693.

34. "有某种商品多余同时也没有其他物品需求的人，会很快将其换成钱；这样比其他任何方式更能使他在需要的时候获得其所需的商品。" Anne Robert Jacques Turgot, *Reflections on the Formation and the Distribution of Riches* (New York: Macmillan, 1914), 39.

35. Ibid.

36. Ibid., 36.

37. Ibid.

38. "金属，尤其是金银，比其他物事更适合此用途……所有金属，随着它们逐次被发现，已根据其实际用途进入交易……一块金属，无论是哪一种，它都与另一块同样的金属具有完全相同的质地，只要它们的纯度相同……为此，用金属的重量来表示每种商品的价值，我们就可以使所有价值得以最清楚、最方便和最精确的表示；至此在实践中其他物事就不再可能成为优先选择了。" Ibid., 37-38.

39. Joseph A. Schumpeter, *History of Economic Analysis* (New York: Oxford University Press, 1954), 63.

40. 汉斯·F. 森霍尔兹写道："货币的唯一功用就是交换媒介。它不可被消费，也不可作为任何生产性的目的。" *Age of Inflation* (Belmont: Western

Islands, 1979),19.

41. Mises, *Human Action*, 468.

42. Ibid. 交易经济学是关于市场交易的科学。“其主题就是所有市场现象及其根
源、衍生和结果。” Ibid., 234。约瑟夫·A. 熊彼特将亚里士多德式货币理论
归属于“冯·米塞斯教授所描述的‘交易的货币理论”。*History of Economic* 152
Analysis, 63.

43. 杜尔哥说明,货币价值的确定方式与其他商品相同。*Reflections*, 42.

44. Marjorie Grice-Hutchinson, *Early Economic Thought in Spain, 1177 - 1740* (London: Allen & Unwin, 1975),104. 正如菲利普·卡根(Philip Cagan)指出的,“在这个理论——货币数量理论——的一个版本中,绝对物价水平独立地取决于货币供应量与需求实际现金余额的既有水准之比。个人无法改变流通的货币的面值,但根据货币数量理论,他们可以通过减缩或增加现金余额的方式影响持有的现金余额的价值。以此方式他们各自提高或降低了商品和服务的价格,由此改变了现金余额的实际价值。” Philip Cagan, “The Monetary Dynamics of Hyperinflation,” in *Studies in the Quantity Theory of Money*, ed. Milton Friedman (Chicago: University of Chicago Press, 1956),29.

45. “这种价值容易变动,事实上一直在变动;于是,相当于一定数量的某种商品的相同数量的金属不再相当了,同样的商品所需的钱变多了或少了。如果要的钱多了,那么人们就说它更贵了,而要的钱少了,那么就便宜了;但人们也完全可以这样说,在第一个情况下,钱不值钱了,而在第二种情况下,则钱更值钱了。金银不仅在与其他商品相较时价格会变化,而且它们自身的量是否充裕也会令其价格变动。” Turgot, *Reflections*, 41.

46. 汉斯·F. 森霍尔兹的《通货膨胀时代》也包含了类似的论断,在该书中他评述道,“当[政府]通过发行新货币[相当于货币贬值]来弥补期财政赤字,它就是从货币持有人那里夺取收益和财富。其消耗上升多少,通货膨胀受害者就失去多少,这就是为什么货币当局——从希腊的城邦僭主到当代独裁者和政府官员——非常流行地采用通货膨胀的方式”(《通货膨胀时代》,19)。我们可以将此与第 5 章里马里亚纳的评述相对照。在另一本书里,森霍尔兹评述道,“有时通货膨胀被描述为针对货币持有者的一种税赋。事实上,它是一种可怕的财富再分配方法”。*Death and Taxes*, 48.

47. 在区分了货币的内在和外在价值之后,普芬道夫宣称,当货币的内在价值改变(即硬币的金属含量和质量变化)时,债务应按贷款时流通的货币归还。如果货币的价值由于市场原因而变化,到期日流通的货币应可以用于还债。*De Jure Naturae*, 694.

48. Ibid.

49. Ibid.

153 50. Smith, *Lectures*, 188.

51. Smith, *Wealth of Nations*, 882.

52. Ibid.

53. 见第七章。

54. “贸易给所有人带来了巨大的好处,它似乎可以说是对土地之吝啬的补救,因为后者在各地产出并不相同相等,贸易使一地之所产看似在所有地方都有出产。” Pufendorf, *De Jure Naturae*, 368 - 69.

55. Ibid., 369.

56. Ibid.

57. Ibid.

58. Ibid., 370.

59. Ibid.

60. Ibid.

61. Ibid., 371.

62. Turgot, *Reflections*, 3. “某人的地只适合种粮食,却不适合种棉麻,那他就会没衣服穿。另一人的地只适合种棉花却种不了粮食。第三个人则缺少可以烧火取暖的木材。经验将很快教会每一个人他的地最合适种什么,而他也会让自己只种那种作物,以便以此与其邻人换得其所需之物;而其他人也会作出同样的反应,将只种植最适合其土质的作物而放弃种植其他作物。” Ibid., 4.

63. Ibid., 6.

64. Smith, *Wealth of Nations*, 429 - 30.

65. Mises, *Human Action*, 157.

66. Ibid., 145.

67. Ibid., 144.

68. 例如,为了鼓励生产者移居入境,马里亚纳建议君主提高进口税。*Biblioteca de Autores Españoles*, Introduction to preliminary discourse, vol. 30 (Madrid: Editions Atlas, 1950), 35. On this topic see also John Laures, *The Political Economy of Juan de Mariana* (New York: Fordham University, 1928).

69. “在其他方面都一样的情况下,大的钻石比小的更值钱,然而在其他类型或品质的物品价值上却并非始终如此。为此,大狗未必比小狗值钱。” Pufendorf, *De Jure Naturae*, 676.

70. “价格本身的基础是事物或行为所拥有的天资,依此它要么能间接或直接满
154 足人类生活的需求,要么给人类生活增添益处和快乐。这就是为什么人们通常会所说无用之物即无价值……所以,在寓言中,公鸡发现珍珠,却认为其毫

无价值，因为珍珠对它来说一点用也没有。"(《斐多篇》，3，12) Ibid.

71. Hugo Grotius, *De Jure Belli Ac Pacis Libri Ires*, ed. James Brown Scott (New York: Oceana, 1964), bk. 2, chap. 12, no. 14.

72. Pufendorf, *De Jure Naturae*, 676 – 77. 他的论证如下："如果他(普芬道夫)的意思是，价格的基础在于其本身被需求，或者人们认为某物有价值仅仅因为他们需要它，那么他的说法不具普遍适用性。因为按照这一理论，那些旨在让人获得闲适快乐的物品的价格将一文不值，但人类无止境的奢华欲求却常赋予其价格。而事实上我们被告知，我们真正所需要的只是那些离了它们我们必定会遭受大麻烦的东西(参见《马窦福音》5:12)但如果他的意思是，买方的需求推高了价格，那我们承认这是普遍的情况，但任何有眼光的人都不会同意这就是价格的自然尺度，为此，某人越是急切地需求，人们就可以向他勒索越高的价格。" 676 – 77。

73. From John Winthrop's *Journal*, ed. J. K. Hosmer (New York: Scribner's, 1908), vol. 1, 315 – 18, quoted in Henry William Spiegel, *The Rise of American Economic Thought* (New York: Augustus M. Kelley, 1968), 6.

74. Turgot, *Reflections*, 28.

75. 在这位重农主义者看来，彼此的需求是价值的等值性的基础："假设某人需要粮食，另一人需要葡萄酒，他们同意 1 蒲式耳粮食交换 6 品脱葡萄酒。显然，对于双方，1 蒲式耳粮食就是 6 品脱葡萄酒，两者是完全等价的，并且，在这场交易中，1 蒲式耳粮食的价格就是 6 品脱葡萄酒，而 6 品脱葡萄酒的价格就是 1 蒲式耳粮食。"但是，鉴于其他交易者可能达成不同的价格，因而，"显然，这三种价格中没有哪一个可视作真实价格(*Le prix veritable*)"。Ibid.，28.

76. 哈奇森给自己的书起名为"三本书中的道德哲学的简短导论，包括伦理学和自然法的要素"(A Short Introduction to Moral Philosophy in Three Books, Containing the Elements of Ethics and the Law of Nature)。Edwin Cannan 在其为亚当·斯密《演讲集》所写的导言(第 xxvi 页)中阐述了这一点。

77. 熊彼特在《经济分析史》(第 190 页)中支持这一观点。

78. Smith, *Lectures*, 176 – 77. [黑体为笔者所加]

79. Raymond De Roover, "Scholastic Economics," *Quarterly Journal of Economics* 69 (May 1955): 173; see also Emile Kauder's articles, "The Retarded Acceptance of the Marginal Utility Theory," *Quarterly Journal of Economics* 67 (November 1953): 564 – 75; and "Genesis of the Marginal Utility School," *Economic Journal* 63 (September 1953): 638 – 50.

80. F. von Wieser, "The Theory of Value, A Reply to Professor Macvane," *Annals of the American Academy of Political and Social Science*, II (1891 –

1892),600 - 628, in *Economic Thought: A Historical Anthology*, ed. James A. Gherity (New York: Random House, 1965),315.

155 81. 伯纳德 · W. 登普西指出,晚期经院哲学反对经济价值客观理论的"理由,与奥地利学派反对古典成本分析的理由非常相似"。"Just Price in a Functional Economy," *American Economic Review* 25 (September 1935):483。

82. E. Böhm-Bawerk, "The Austrian Economists," *Annals of the American Academy of Political and Social Science*, I (1891),361 - 84, in *Economic Thought: A Historical Anthology*, 288. [黑体为笔者所加]

83. Ibid., 289.

84. 然而,路德维希 · 冯 · 米塞斯争辩说,法定价格根本不是价格。*Human Action*, 392 - 94。

85. 对地下经济的自由市场分析,参见 *The Underground Economy* by Hans F. Sennholz (Auburn, Ala.: Ludwig von Mises Institute of Auburn University, 1984)。

86. Antonio de Escobar y Mendoza, *Universae Theologiae Moralis* (Lyon, 1662), bk. 39, chap. 1,159.

87. 德 · 索托对工人的告诫就是一个例子。参见第 11 章。

88. De Roover, "Scholastic Economics," 184. See also Joseph Hoffner, *Wirtschaftsethik und Monopole im Funfzehnten und Sechzehnten Jahrhundert* (Jena, 1941),107.

89. Joseph Hoffner, "Estatica y Dinamica en la Etica Economica de la Filosofia Escolastica," *Investigacion Economica*, 18 (1958):653.

90. De Roover, "Monopoly Theory Prior to Adam Smith: A Revision," *Quarterly Journal of Economics* 65 (May 1951):523 - 24. 然而,晚期经院哲学的反垄断立场与当代的反垄断态度有着实质性的差异。后者着重攻击其规模,认为规模巨大可能会导致不公平。

91. Grotius, *De Jure Belli Ac Pacis Libri Tres* bk. 2, chap. 12, § 16; 2, 353; 1, 233 - 34 See also De Roover, "Monopoly Theory," 522.

92. 参见第 10 章。

93. Pufendorf, *De Jure Naturae*, 739.

94. Ibid., 740.

95. Ibid.

96. 从严格的实证主义的方式来看,知识是一种稀缺商品,为此就有市场价格。尽管这是事实,但没有一位基督教道德家会同意,利用邻人的无知而获利始终是正当的。意志自由本身并不会给经济行为(或其他的人类行为)带来道德上的正当性。人类会自愿选择做坏事。

97. 尽管雷蒙德·德鲁沃尔写道，他们首要关心的是社会公正（“Monopoly Theory,” 495），但晚期经院哲学从未将之用作术语或概念。

98. 难以理解的是，德鲁沃尔这位当时有关中世纪经济学的最博学的权威，会宣
称分配公正“调整了财富和收入的分配”。“Monopoly Theory,” 495. 工资、 156
利润和利息（*stipendium*, *licrum*, *usuris*）从来未曾出现在任何中世纪的有关分配公正的论文之中。它们被认为是属于交易公平的问题。

99. Raymond A. De Roover, *San Bernardino of Sienna and Sant' Antonino of Florence: The Two Great Economic Thinkers of the Middle Ages* (Boston: Baker Library, 1967), 23 - 27.

100. Pufendorf, *De Jure Naturae*, 741.

101. Ibid., 742.

102. Turgot, *Reflections*, 8. 在这位重农主义者看来，工人之间的竞争将工资限定在了基本糊口的水平。另一方面，他也认识到，尽管工人间的竞争“迫使人们从事工价达不到其预期的行业，但可以确定的是，这种竞争永远不会多到或激烈到足以在任何类型的劳动中，在任何时候阻止一个在个体竞争中比其他人更专业、更活跃，尤其是更节俭的人，获得比仅够维持其自身及其家庭的更多一点的收入，并将这些盈余一点点积存下来”。Ibid., 44。

103. Thomas De Quincey, “Ricardo Made Easy,” *Blackwoods Edinburgh Review* 52 (July-December 1842): 338 - 53, 457 - 69, 718 - 39, in Gherity, *Economic Thought*, 195.

104. Smith, *Wealth of Nations*, 71, and Schumpeter, *History of Economic Analysis*, 190.

105. Smith, *Lectures*, 176.

106. Schumpeter, *History of Economic Analysis*, 190.

107. 或者就像一个更加模棱两可的概念“社会公正”。参见第 11 章。

108. 关于经济理论对经济政策的影响，参见第 3 章。

109. Smith, *Lectures*, 100.

110. Ibid., 174.

111. Ibid. 亚当·斯密引述了 R. Cantillon's *Essai sur la nature du commerce en general* (Paris: 1755), 23 - 24。他的《国富论》（第 106 - 107 页）也包含了类似的思想。

112. “稀缺比有用更经常地使物品价格上涨。这就是为什么那些不能一蹴而就，需要漫长时日，经由单调沉闷的研究和严谨用功而获得的艺术和科学常常是最赚钱的。” Mandeville, *Fable of the Bees*, pt. 2. Dialogue 6, 423, quoted in Smith, *Lectures*, 175。

113. Saint Bernardino of Sienna, *Opera Omnia* (Venice, 1591), chap. 3, art. 2,

338.

114. 在 F. von 维塞尔看来，成本“只不过是使用价值的复杂形式而已”。“Theory of Value,” 319。

115. Ibid.，316.

157 116. Ibid.

117. Ibid.

118. Ibid.

119. Ibid.，321 – 22.

120. “雇主联手降低工人工资，他们通常采用私人约定或协定，不支付高于必须支付否则将受罚的工资数。相反地，工人采取类似的联合拒不接受某个违者将受罚的工资数，法律将会对其严惩；如果公平处理，对雇主也应以同样方式处理。” Smith，*Wealth of Nations*，142.

121. Ibid.

122. Ibid. 在晚期经院哲学家中，圣安东尼诺对劳力市场上存在的不公平的做法进行了最广泛的论述。对于合同上约定工资以现金支付但实际上却用实物支付的做法他表示强烈反对。*Summa de Conffession*（n. p.），p. 67 and p. 68.（这本古老的、小开本的西班牙版安东尼诺著作选，是西班牙托莱多教堂图书馆的藏书。类似的评论也见安东尼诺的 *Summa Theologica* [Lyon：Johannis Cleyn，1516]，pt. 2，titulo 1，chap. 17，§ 8.）

123. 参见 Hans F. Sennholz，“Ideological Roots of Unionism,” *The Freeman* 34，(February 1984)：107 – 20。

124. See Wilhelm Weber，*Wirtshaftsethik am Vorabend des Liberalismus*（Aschendorff：Munster Westf.，1959）. In *Saint Bernardino of Siena and Sant' Antonino*，26，雷蒙德·德鲁沃尔辩称“家庭津贴体系产生于 20 世纪。将它搬到中世纪纯属时代错误或一厢情愿”。

125. 对于那些将经院哲学家是现状辩护者这一说法归为误导的人而言，很容易想起中世纪欧洲施行的是何种劳动法。在 1563 年大不列颠，伊丽莎白女王签署了著名的《工匠地位法》(Statute of Artificer)，从而使强制劳动合法化。该法规定：“(1)无论何人，只要 12 周岁之前在地里干活的，必须留在地里，不得离去从事别的营生；(2)所有工匠、仆人和学徒，只要在其领域内并非大名鼎鼎的，都必须下地收麦子；(3)失业人员必须去干农活。而且，该法还规定，禁止任何人离开其现有工作，除非他有执照证明其已另有雇主。此外，太平绅士被要求设立最高工资水平，以适应生活费用的变化。” Quoted by Murray Rothbard in *Essays on Liberty*，11（Irvington-on-Hudson，N. Y.：Foundation for Economic Education，1964），182.

126. 汉斯·森霍尔兹会将其视作一种管理劳动的报酬。*Death and Taxes*，14.

127. Mises, *Socialism*, 455.

128. 现代经济学家会将嫖资视作对妓女的特殊种类的劳动的回报而非利润。然而。晚期经院哲学家则使用利润(*lucrum*)这个术语描述这种收入。 158

129. 按照 T. F. 迪维纳的说法,"费迪南多·加利阿尼神父(Abbe Ferdinand Galiani)在 1750 年正确地断言了时间偏好作为利率确定因素的重要性。这个概念,经由安·罗伯特·杜尔哥重提之后,由庞巴维克于 1880 年代发展完善"。*New Catholic Encyclopedia*, vol. 7, s. v. "Interest"。

130. Pufendorf, *De Jure Naturae*, 757.

131. Ibid., 758.

132. 杜尔哥是罗马天主教徒。1747 年他在 Saint-Suplice 神学院获得神学学士学位。

133. Turgot, *Reflections*, LXXIII, "Errors of the Schoolmen refuted," 68 – 70.

134. Ibid., 68.

135. Ibid., 69.

136. Ibid., 71.

137. "利息根本上是源于人类之天性。所有人,不分年龄和种族都认为现钱比未来的钱更值钱。" Sennholz, *Death and Taxes*, 14.

138. Eugen Böhn-Bawerk, *Capital and Interest* (South Holland, Ill.: Libertarian Press, 1959), 14.

139. Mises, *Socialism*, 377.

140. *International Encyclopedia of the Social Sciences*, s. v. "Economic Thought," by Raymond De Roover. 该作者还写道:"这类合同包含在一处支付预付金,在另一处以另一种货币偿还的内容。在技术上这不算贷款,因此银行家可以通过借钱获利而不用背上放印子钱的污名。于是高利贷学说没有阻止银行业的发展,但改变了它的操作程序,因为交易往来是合法的,而贴现则不是。" *New Catholic Encyclopedia*, s. v. "Scholastic Economics."

141. De Roover, "Scholastic Economics," 173.

142. Schumpeter, *History of Economic Analysis*, 101.

结语

159 我们无法证明所有晚期经院哲学著作都支持自由市场，也不能下结论说，一个好基督徒必须是“古典自由主义者”。事实是，圣洁的人支持某种思想并不能保证它具有真确性。然而，我们对经院学者的著作的分析表明，现代自由市场主义作者还未真正意识到自己受惠于经院哲学学者的有多么多。这种说法同样适用于西方文明。

就此而论，这项研究忽略了几个发人深省的历史问题。比如，既然罗马天主教晚期经院哲学家如此赞同自由社会，那么为何资本主义却是在新教徒占大多数的国家里发展得更快速更普遍？法国大革命之后，大量知识分子拒斥信仰。而同时许多虔信者拒斥理性。难道教会与“自由主义者”的敌对源自这些截然相反的立场？

对大多数“古典自由主义者”来说，经济学学科中最紧要之处便是主观价值理论。他们宣称必要的法律就是那些保护私有财产的法律，将自由作为一切伦理判断的衡量标准。

晚期经院哲学家的建议也可得出类似的结论。其间的差异在于支配伦理判断的律条。经院哲学家认为，自由是基督教伦理的一个基本要素。然而，他们规定，对人类行为之善恶的判断与人类存在之目的——上帝——相关。在基督教伦理中，那些使人接近上帝的行为就是好的。恶行就是那些使人远离其创造者的行为。

柏林墙的倒塌等事件，使人更清楚地认识到晚期经院哲学关于私有
财产的学说是正确的。21 世纪初，几乎没有什么政府还在推进立足于不 160
牢固或不存在财产权的社会秩序。然而，文明尚未摆脱危机。打着公共利益的幌子，相对于总生产量，今天的政府开支比例比 20 世纪初扩大了 5 倍。

私有制甚至受到那些声称自己是其捍卫者的人的攻击。这很少是来自正面的攻击。财产的自由使用因各种借口而受到限制。环境和健康规章建立在了那些否认人类的原初角色或人类生活的关联性的哲学之上。阻隔商品和人民流动的壁垒不断阻止财富越境播散。征用没收，经由歧视性征税和通货膨胀的方式，不断在许多地区施虐。晚期经院哲学家的贡献，可以明确地阐明所有这些议题。

当前大多数对私有财产的自由使用加以限制的呼吁，都是以伦理而非经济为根据的。本书中提及的著作都是从伦理角度探讨经济的。人们越来越明确地认识到经院哲学经济学的宝贵贡献。在一个道德混乱的时代，其建立在真实的人类学之上的坚实基础更增添了它们的价值。

时事并非什么神秘构思的产物——它们是人类行为的结果。经济学家、道德家和政治家对于发展的实际趋向都负有责任。他们的思想正影响和“造就”着历史。假如道德家和经济学家没有认识和理解自由社会的种种益处，那么西方文明必将丧失其自由。尽管集体主义的经济制度已臭名昭著，但私有产权制度的敌人仍然高举着人权、公正和道德的旗帜。这些箴言自相矛盾地与其社会观念相抵触。对私有财产的使用采取压制和严厉限制将使沃土变为荒地，使社会协作变为阶级斗争，更糟的是，使自由人变成奴隶。

但是，毛骨悚然的黑暗提高了人的光明意识。在世界的许多地区，热爱自由的人们从那些不够格的人手中夺回了道德的旗帜。人们正在认识到，私有产权制度在伦理上与日俱增的重要性高于其物质上的益处。就此而论，晚期经院哲学著作作为一种古老的资源，依旧可以创造

出鲜活的思想。

私有制植根于人类的自由，自由基于人类的天性，而人类之天性，如同一切自然，都是上帝的创造。私有制是经济自由的必要前提。现在有许多人正试图使其根源干涸。这将掀起一股崭新的经院哲学思想的浪潮，使其免遭枯萎，令文明之树重新自然繁盛。

索引

（说明：本索引所注页码为英文原著页码，即本书中的边码）

C

D

E

F

K

L

M

N

O

P

Q

R

S

T

U

V

W

X

图书在版编目(CIP)数据

信仰与自由:晚期经院哲学家的经济思想/(美)夏福恩著;陈启甸译. —上海:上海三联书店,2015.9
(阿克顿经济、伦理与法律译丛)
ISBN 978-7-5426-5365-9

Ⅰ.①信… Ⅱ.①夏…②陈… Ⅲ.①经济思想史-研究
Ⅳ.①F09

中国版本图书馆 CIP 数据核字(2015)第 242175 号

信仰与自由——晚期经院哲学家的经济思想

著　　者 / [美]阿里扬德罗·A. 夏福恩(Alejandro A. Chafuen)
译　　著 / 陈启甸

责任编辑 / 王笑红
装帧设计 / 豫　苏
监　　制 / 李　敏
责任校对 / 张向玲　张大伟

出版发行 / 上海三联书店
(201199)中国上海市都市路 4855 号 2 座 10 楼
网　　址 / www.sjpc1932.com
邮购电话 / 021-22895559
印　　刷 / 上海叶大印务发展有限公司

版　　次 / 2015 年 9 月第 1 版
印　　次 / 2015 年 9 月第 1 次印刷
开　　本 / 640×960　1/16
字　　数 / 200 千字
印　　张 / 13.5
书　　号 / ISBN 978-7-5426-5365-9/F·723
定　　价 / 35.00 元